Hallo, ich bin Klopfi !

Ich werde dir helfen, deine ersten Rhythmen auf der Conga zu lernen. Schaue auf meine Hände, spreche mir nach und schon hast du es geschafft.

Sind manche Übungen am Anfang zu lang oder zu schwer, kannst du jede Zeile durch Wiederholen üben. Danach spielst du die ganze Übung am Stück.

Ich wünsche dir viel Spaß

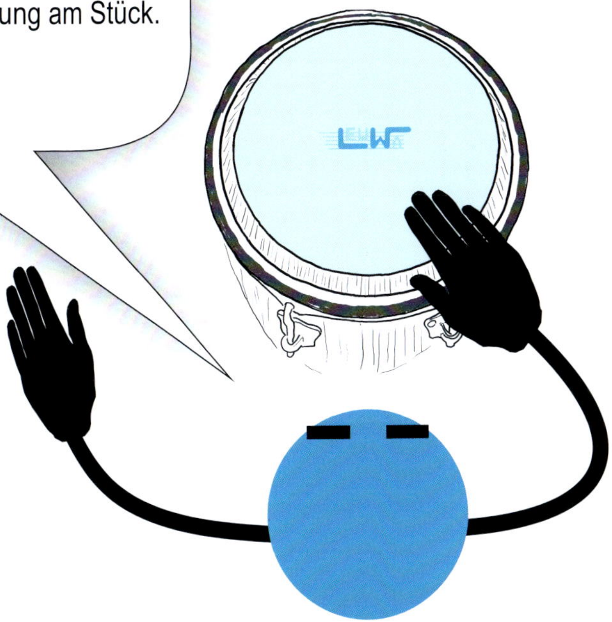

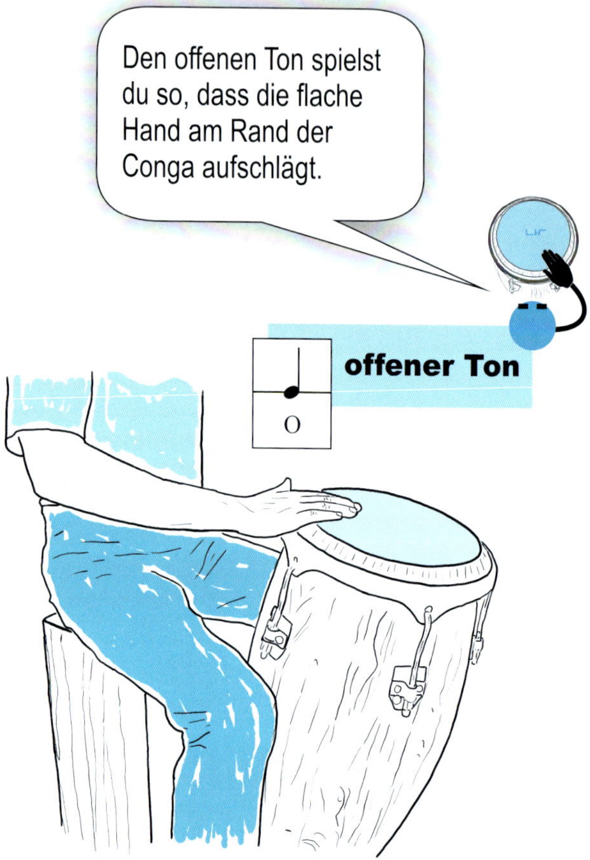
Den offenen Ton spielst du so, dass die flache Hand am Rand der Conga aufschlägt.
O
offener Ton

Händeklatschen

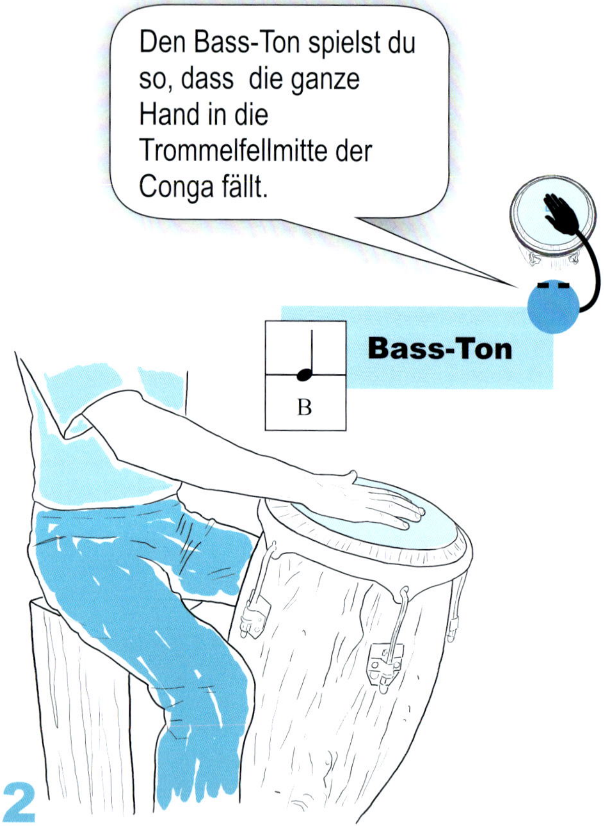
Den Bass-Ton spielst du so, dass die ganze Hand in die Trommelfellmitte der Conga fällt.
B
Bass-Ton

1 Offene Töne mit der rechten Hand

2 Offene Töne mit der linken Hand

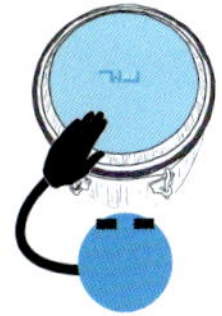

3 Basstöne mit der rechten Hand

4 Basstöne mit der linken Hand

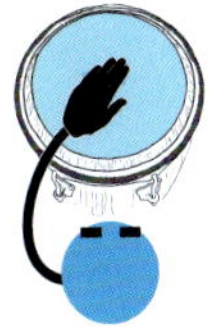

5 Offene Töne mit rechter und linker Hand im Wechsel

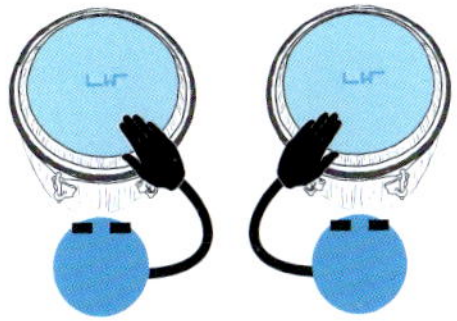

6 Basstöne mit rechter und linker Hand im Wechsel

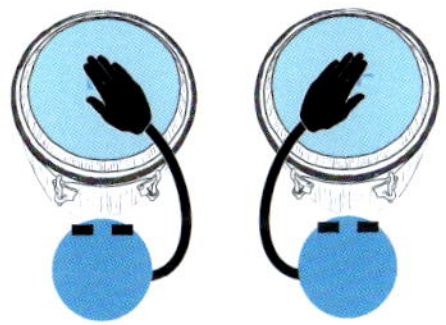

7 Offene- und Basstöne mit rechter und linker Hand im Wechsel

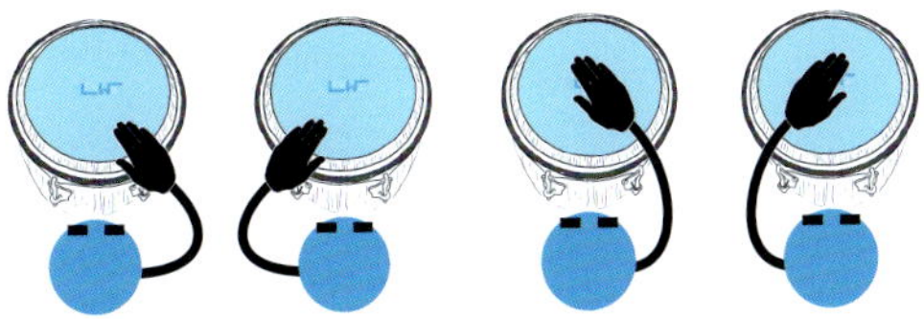

Üben der Anschlagsarten

Spiele die Symbole nach

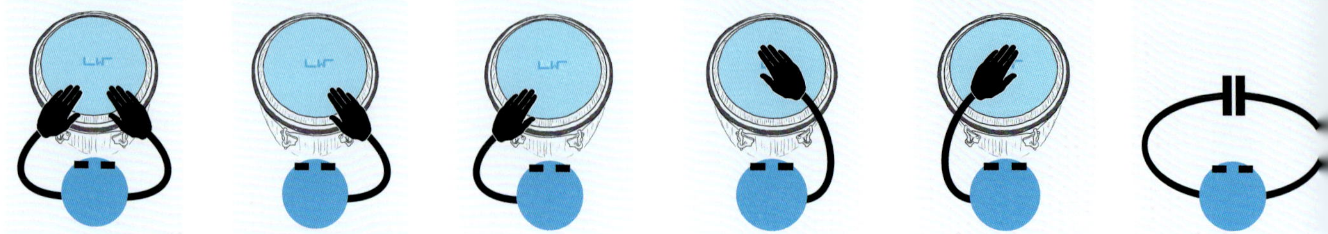

Jetzt jeden Schlag 2 mal

... 3 mal

... 4 mal

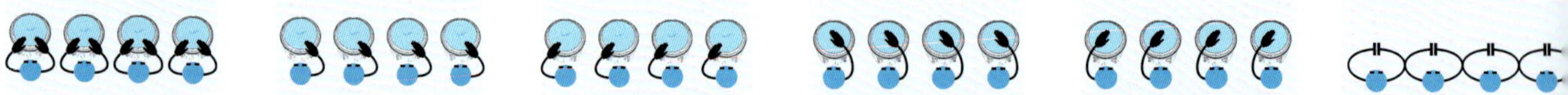

anze Note

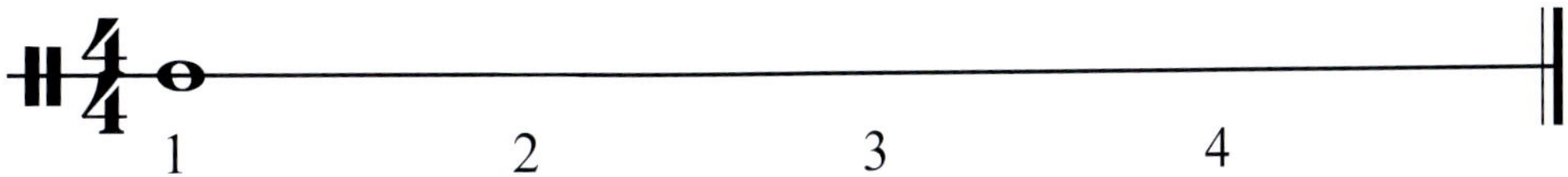

albe Note

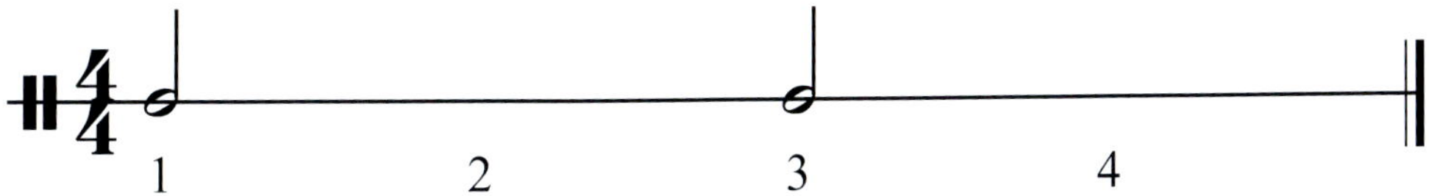

iertelnote

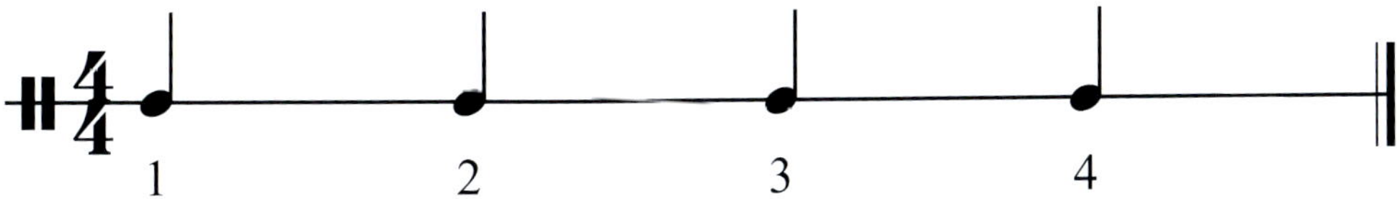

chtelnote

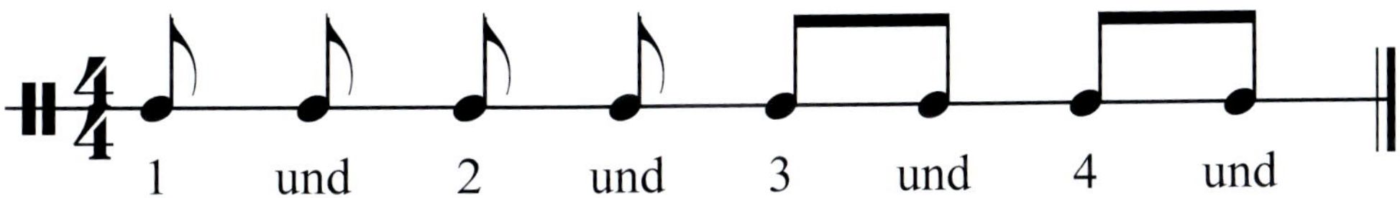

echzehntelnote

Das Trommelschachbrett: spiele die Symbole horizontal in Zeilen und vertikal in Spalten

Hier ein kleineres Trommelschachbrett
mit zwei Congas.
Hast Du bisher nur mit einer Conga gespielt,
schaue Dir vorher die Seite 42 an!

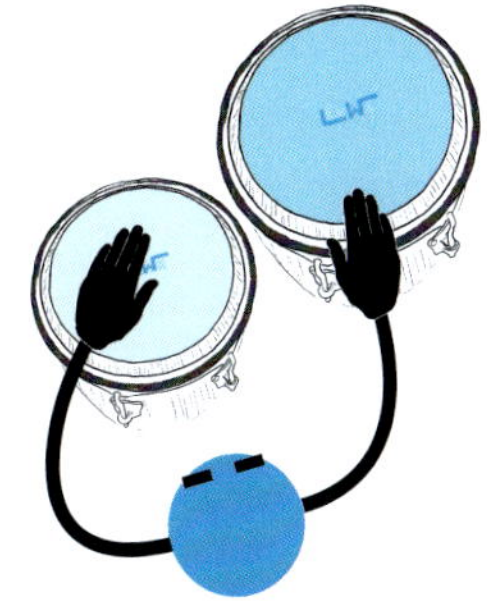

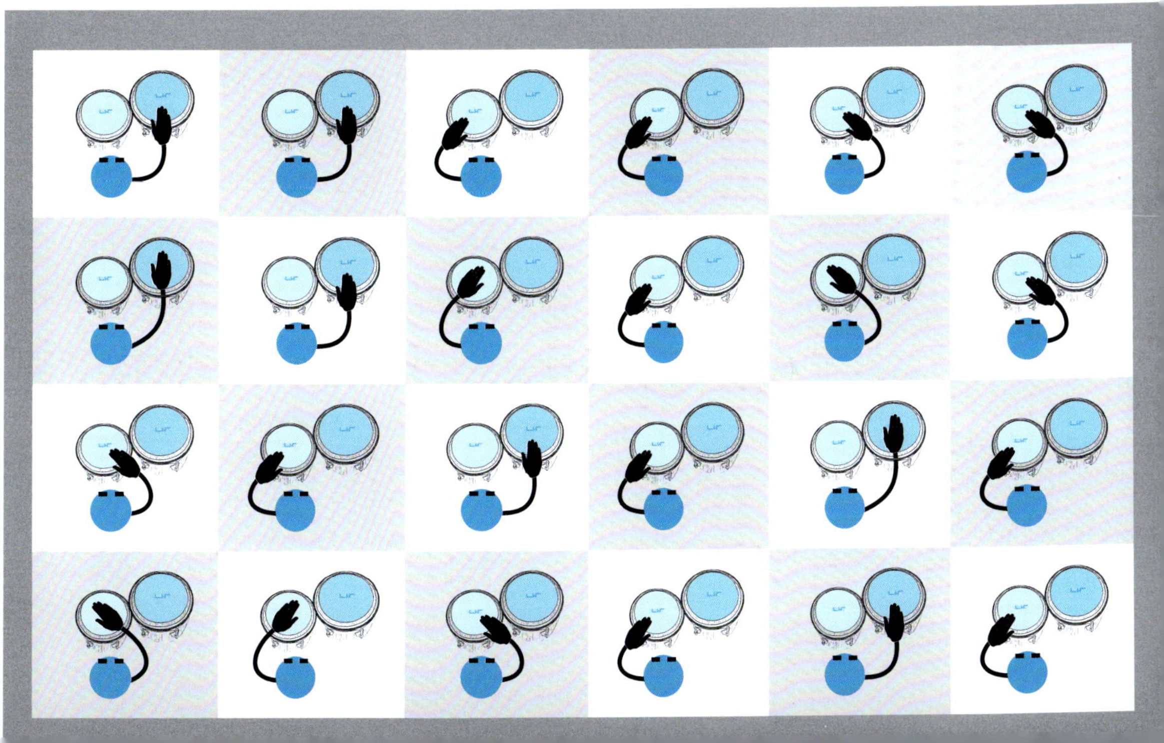

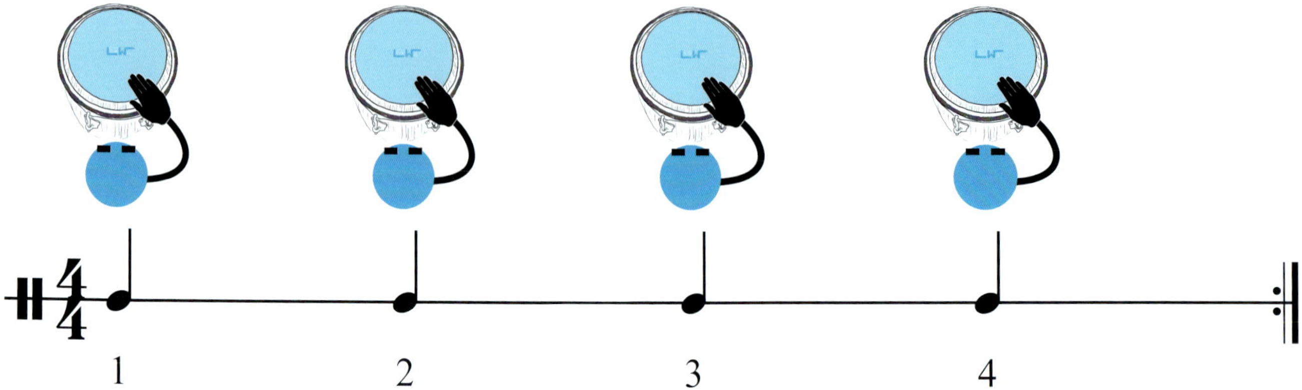
1
2
3
4

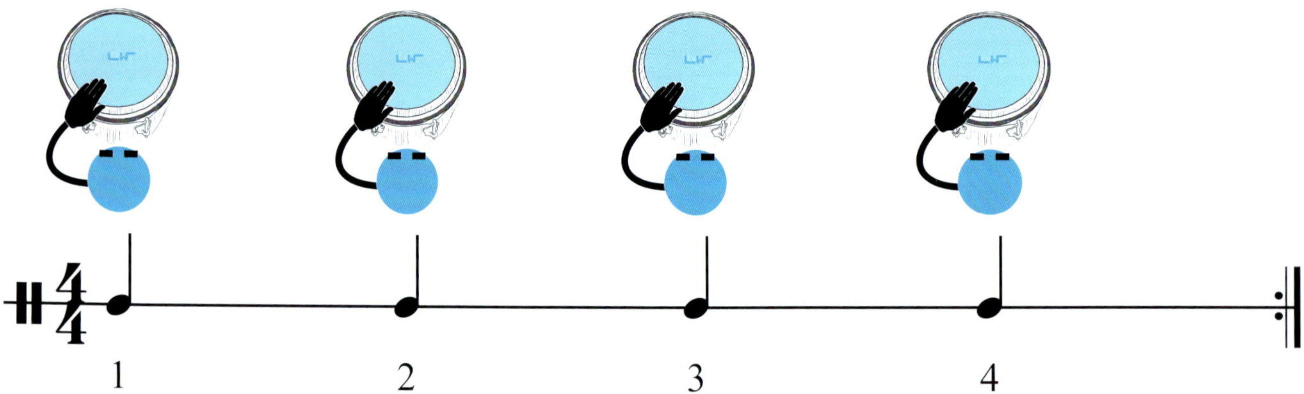
1
2
3
4

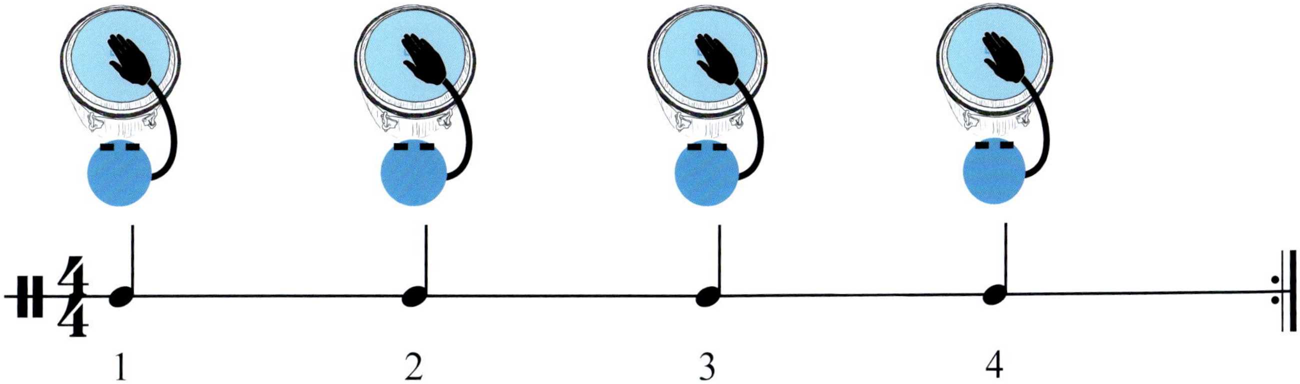
1
2
3
4

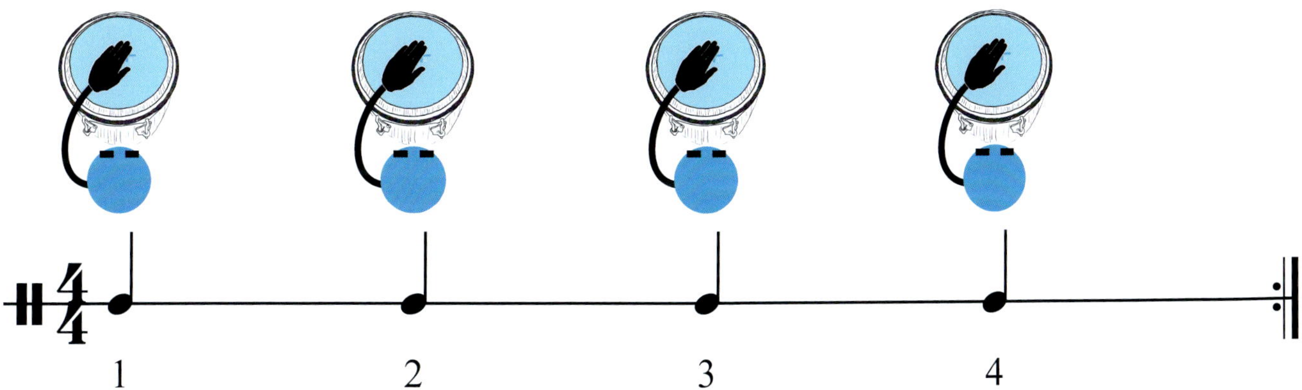
1
2
3
4

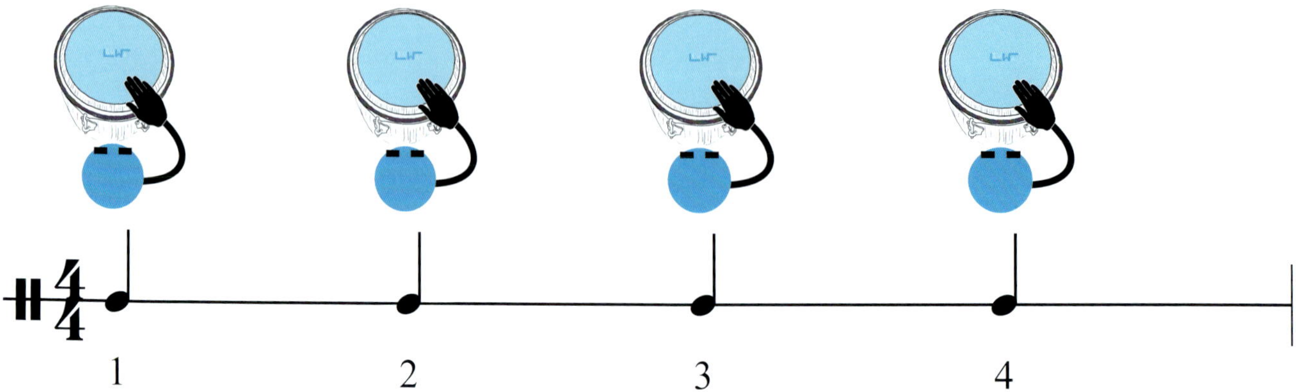
1
2
3
4

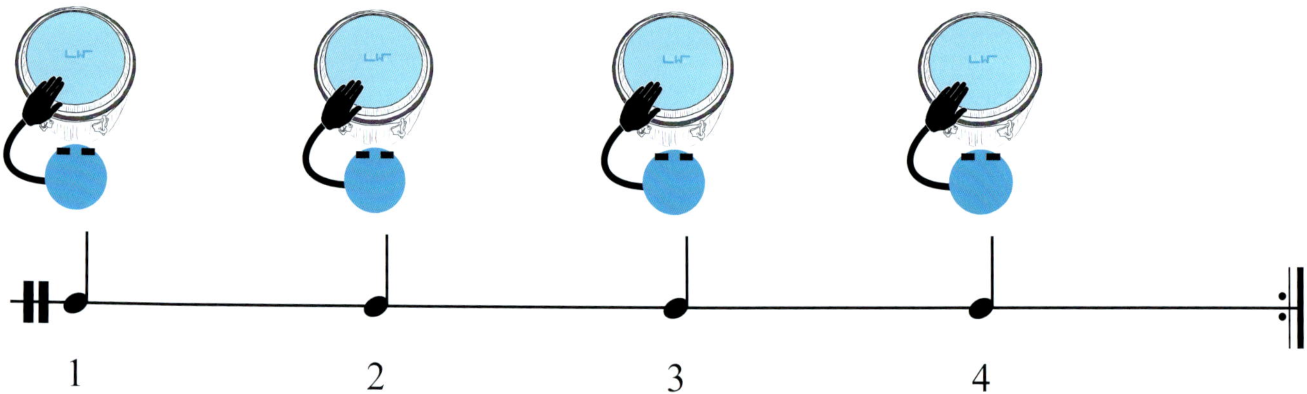
1
2
3
4

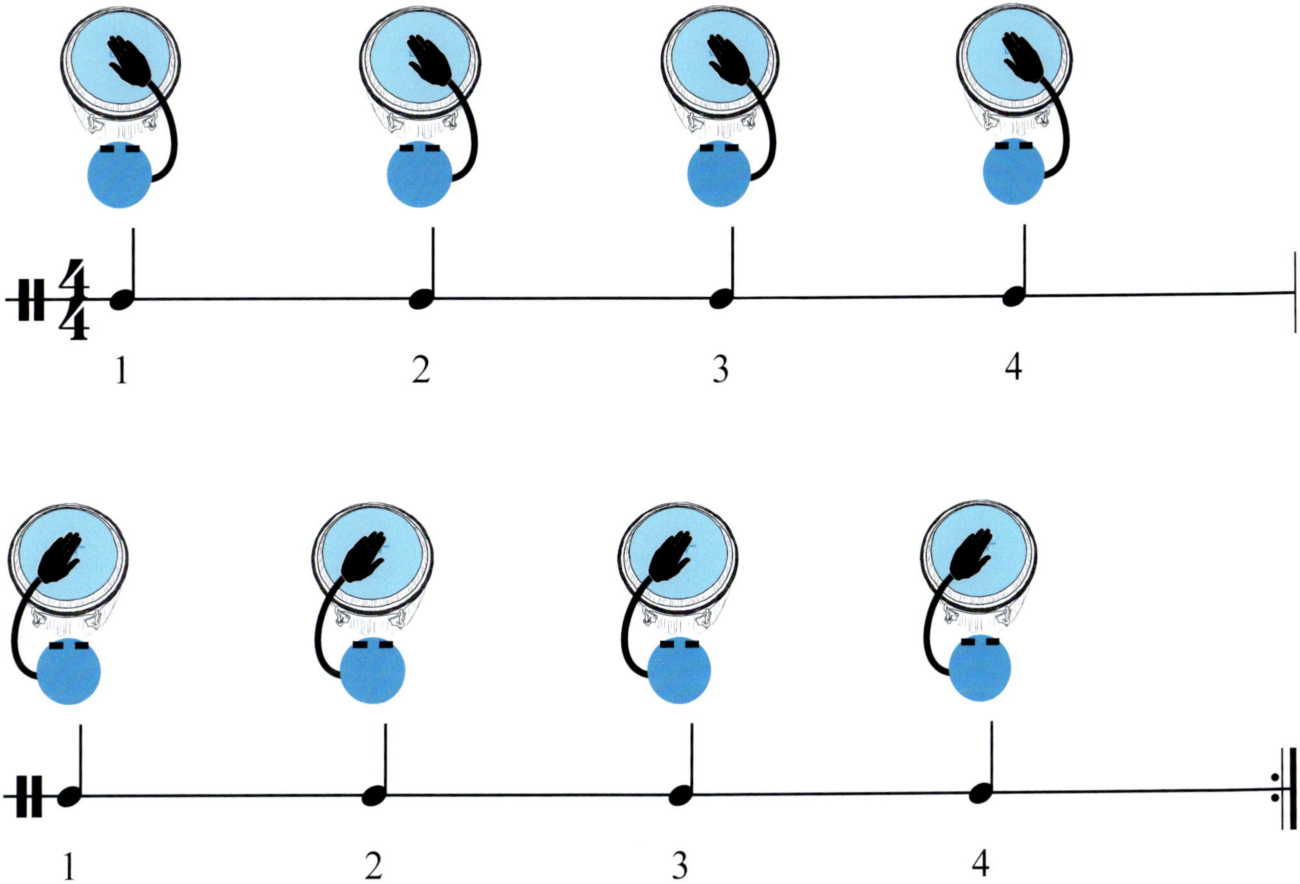
4/4
1 2 3 4
1 2 3 4

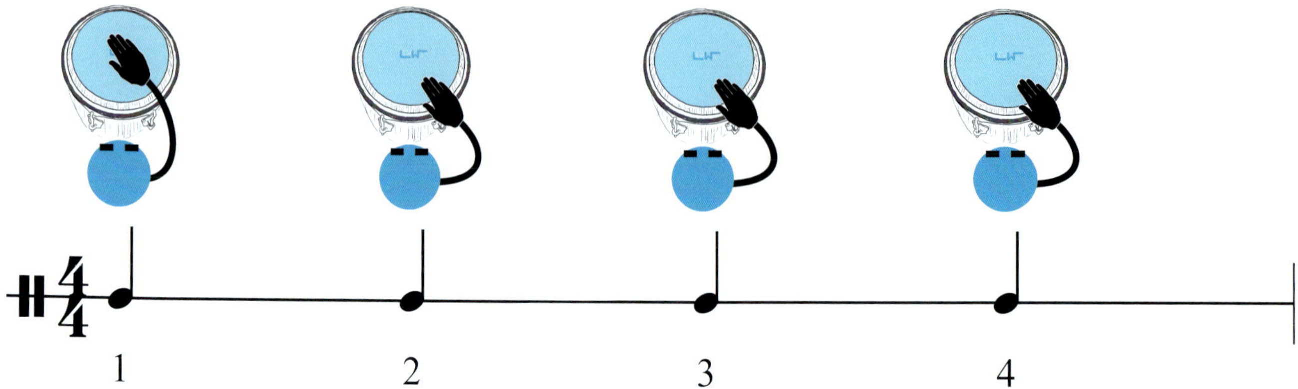
4/4
1
2
3
4

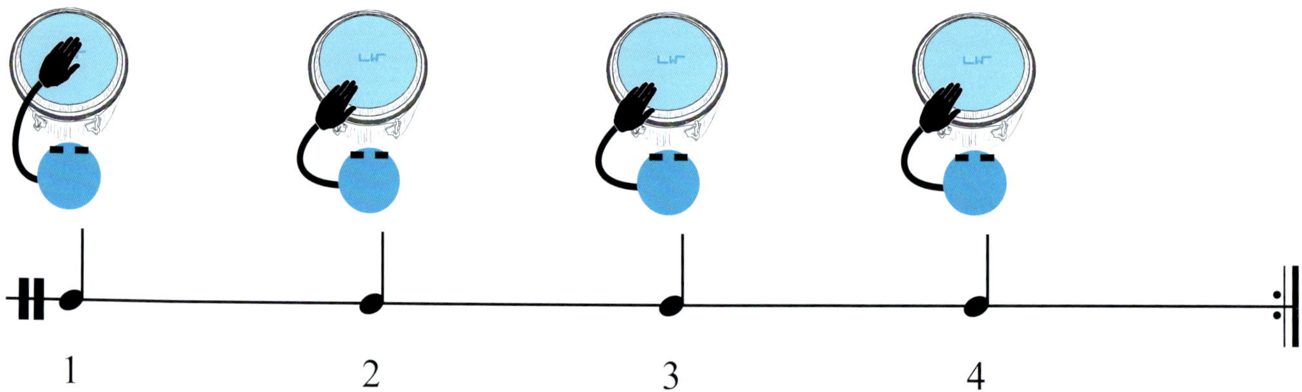
1
2
3
4

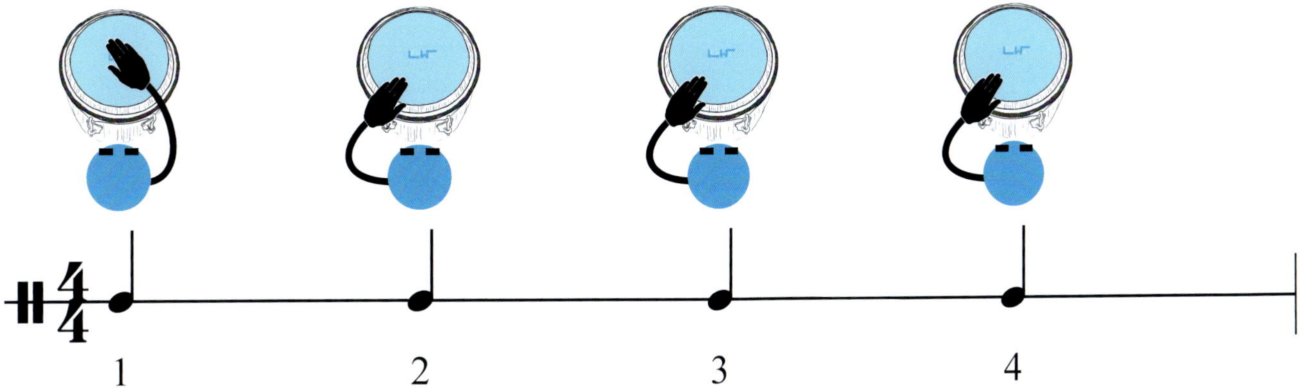
1 2 3 4

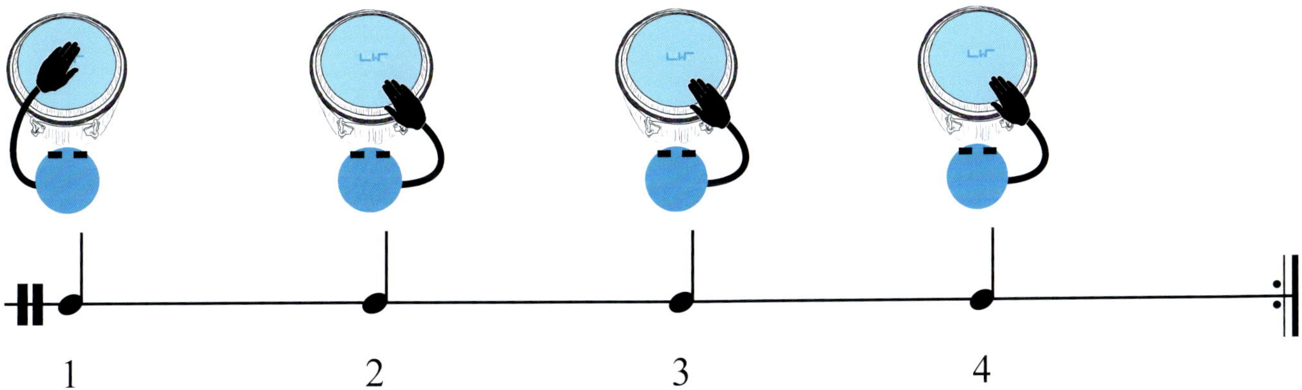
1 2 3 4

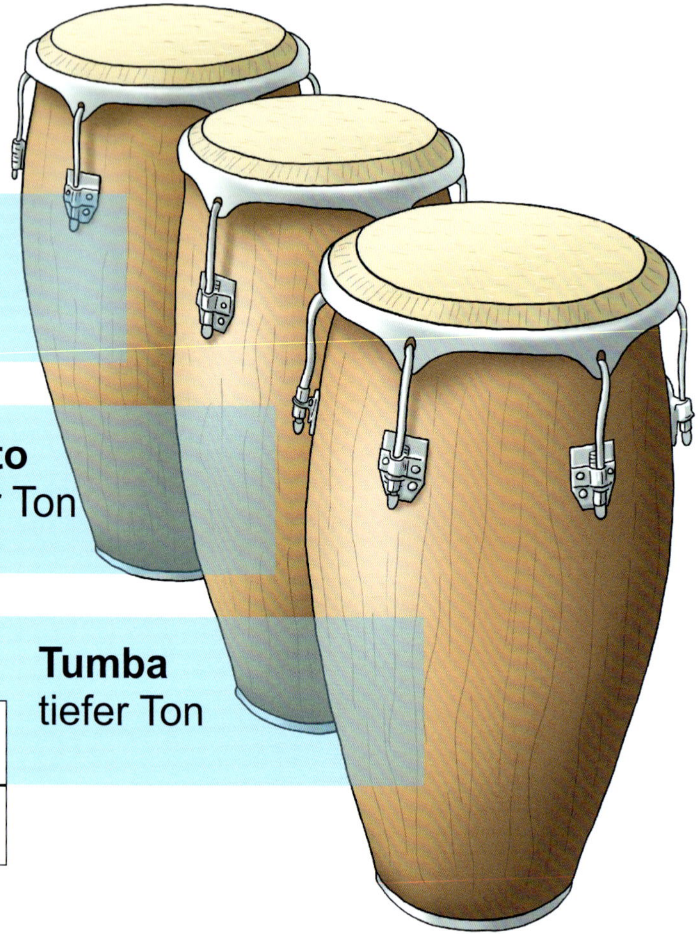

Conga
mittlerer Ton

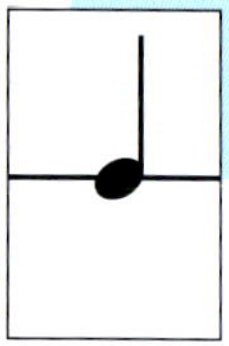

Quinto
hoher Ton

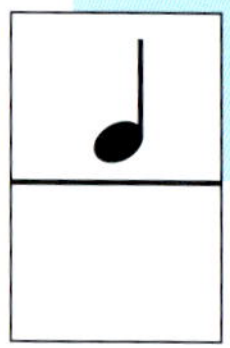

Tumba
tiefer Ton

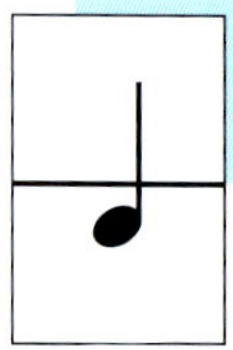

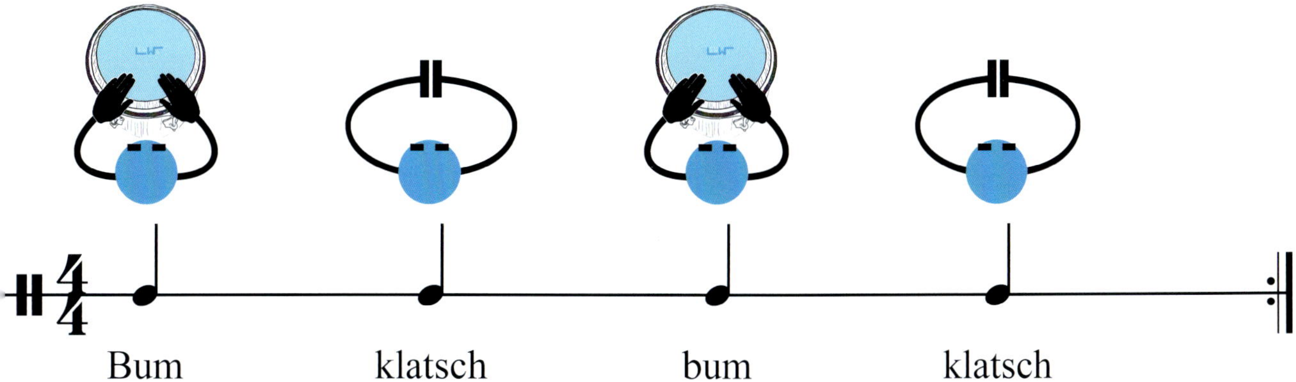
Bum
klatsch
bum
klatsch

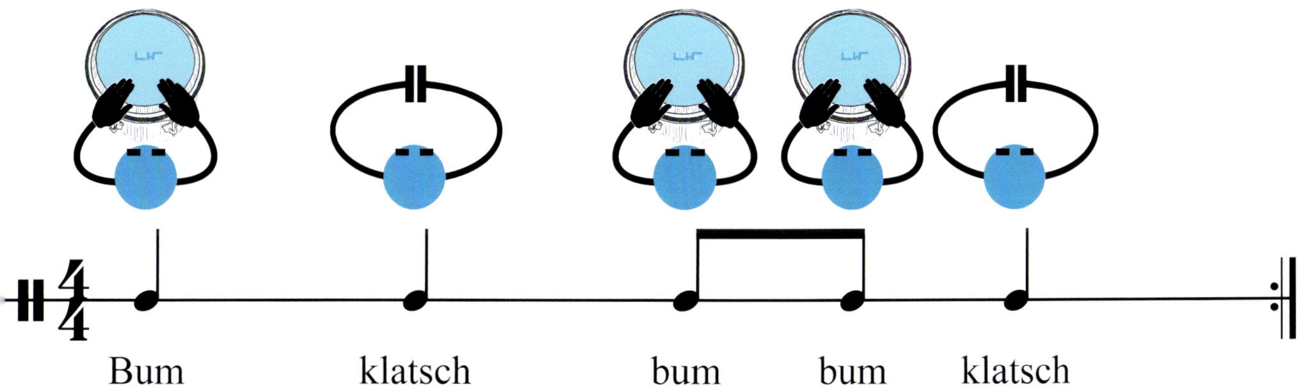
Bum
klatsch
bum
bum
klatsch

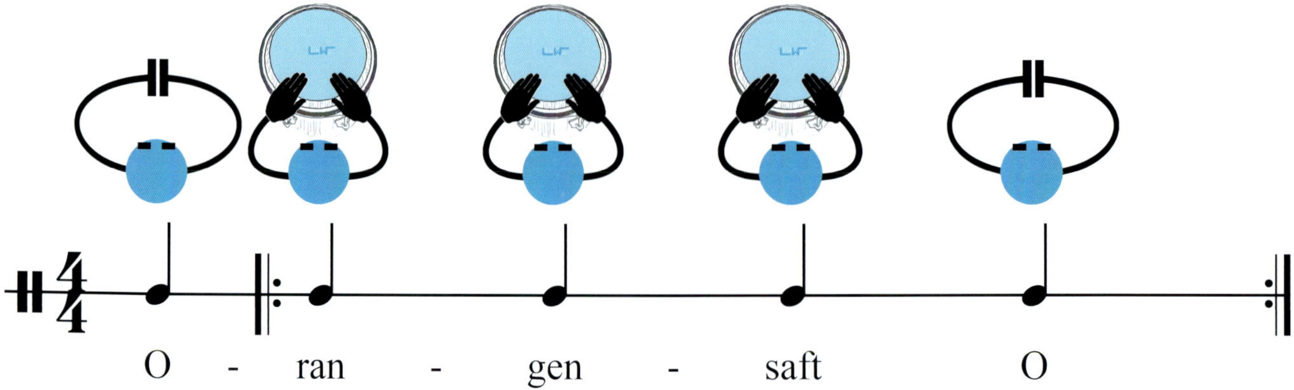
O - ran - gen - saft O

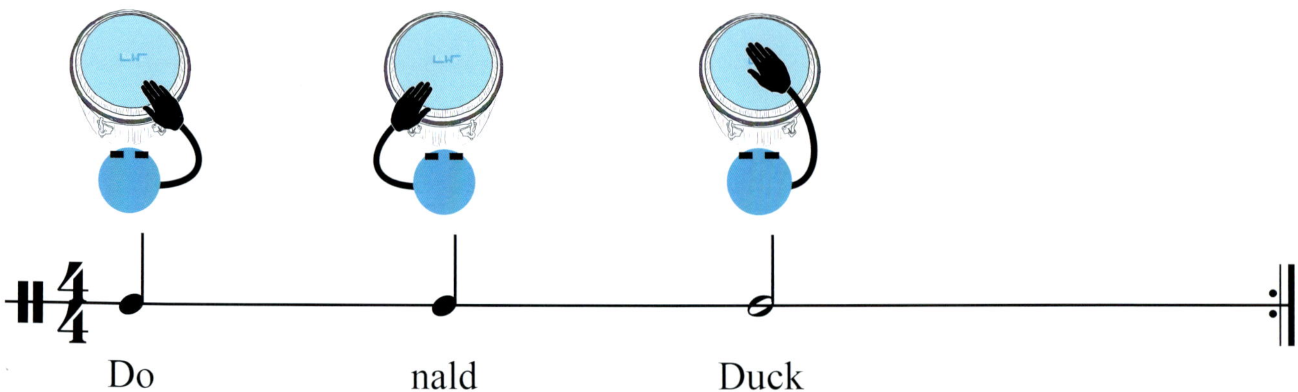
Do nald Duck

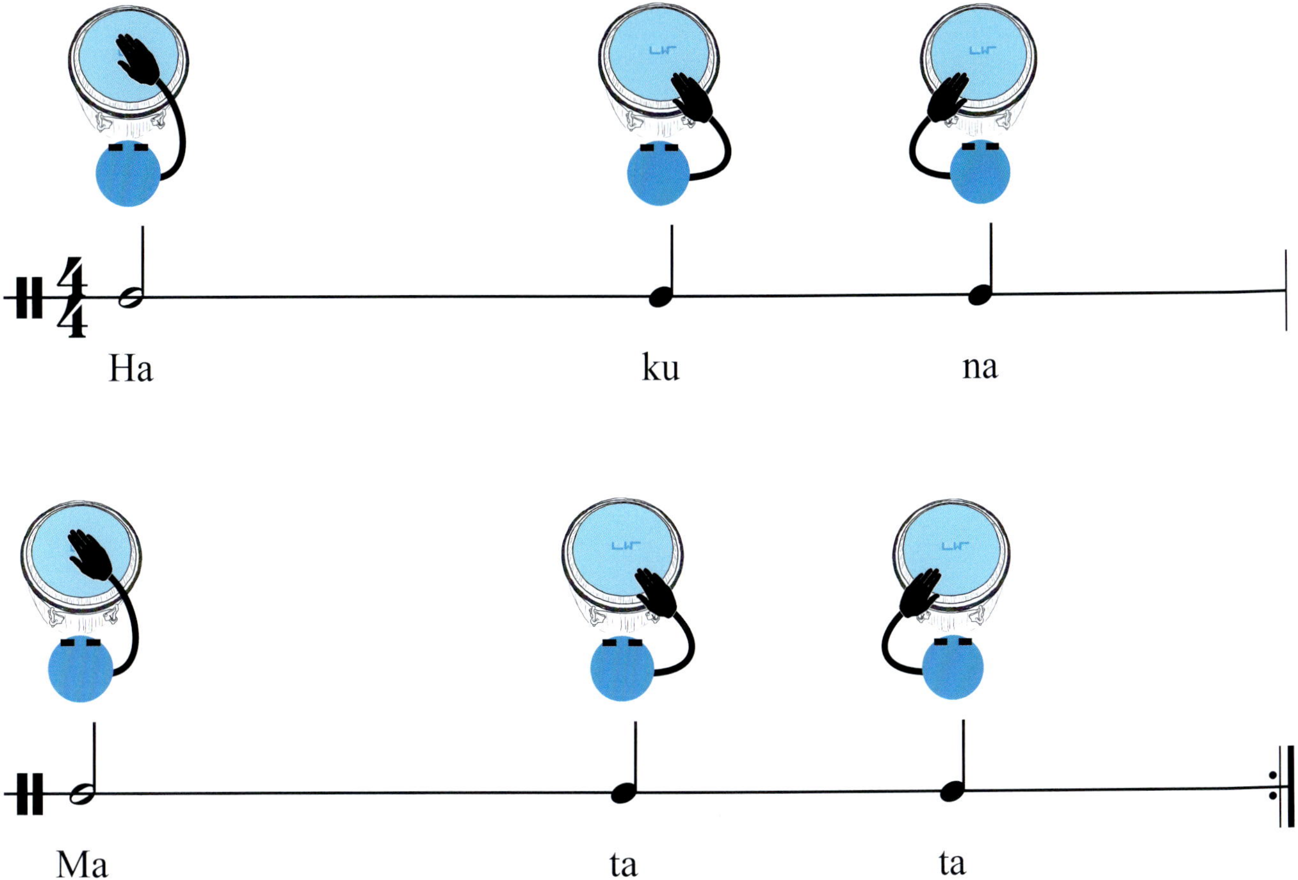
Ha
ku
na
Ma
ta
ta

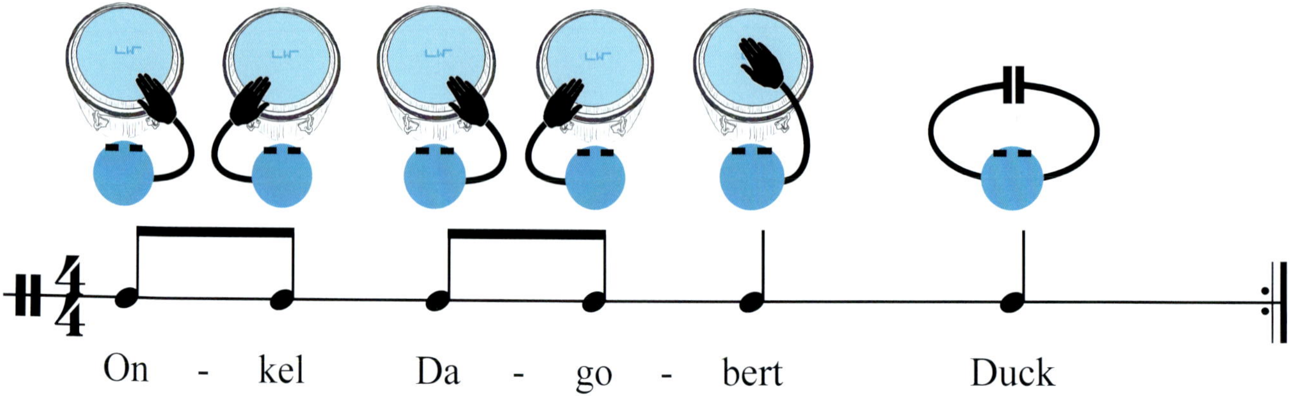
On - kel Da - go - bert Duck

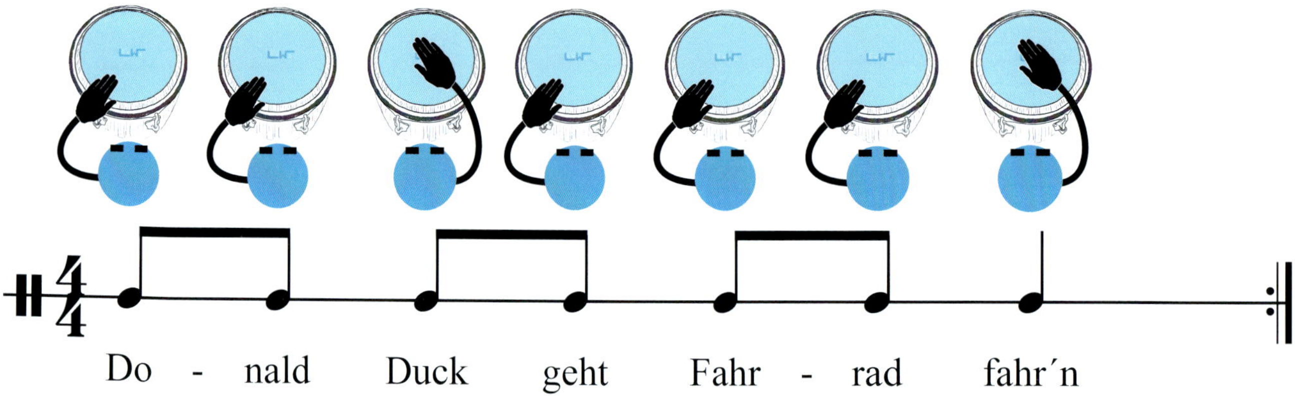
Do - nald Duck geht Fahr - rad fahr´n

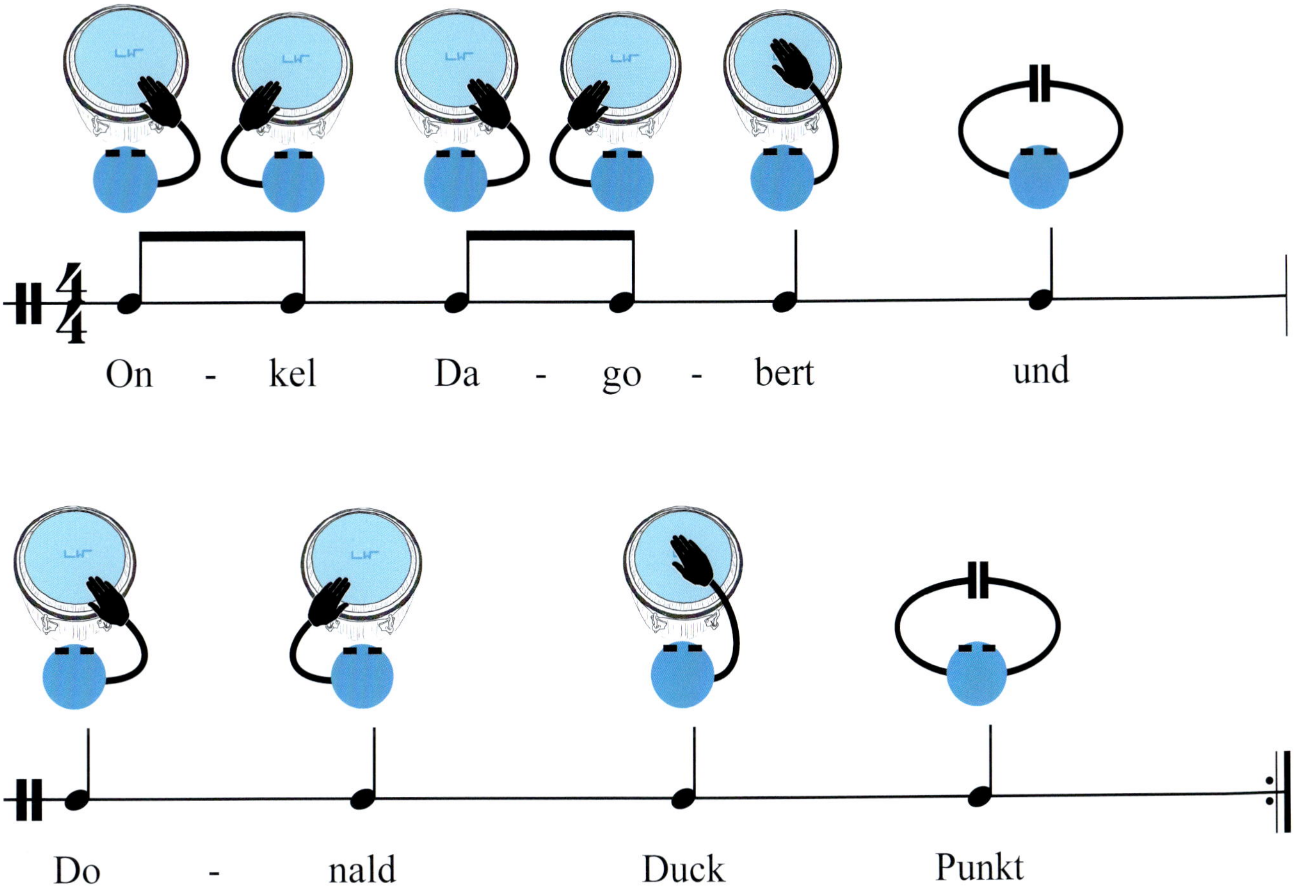
On - kel Da - go - bert und
Do - nald Duck Punkt

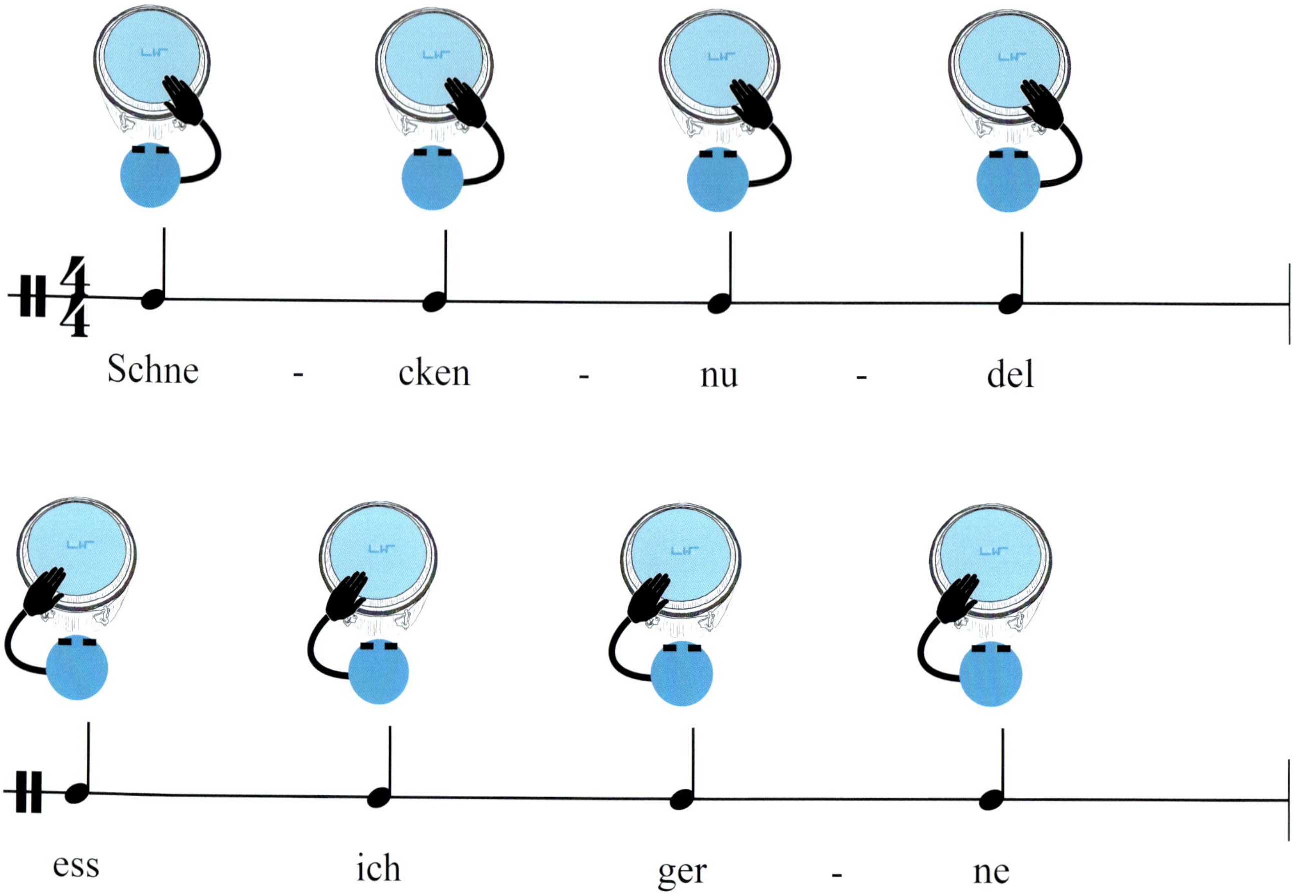
4/4
Schne - cken - nu - del
ess ich ger - ne

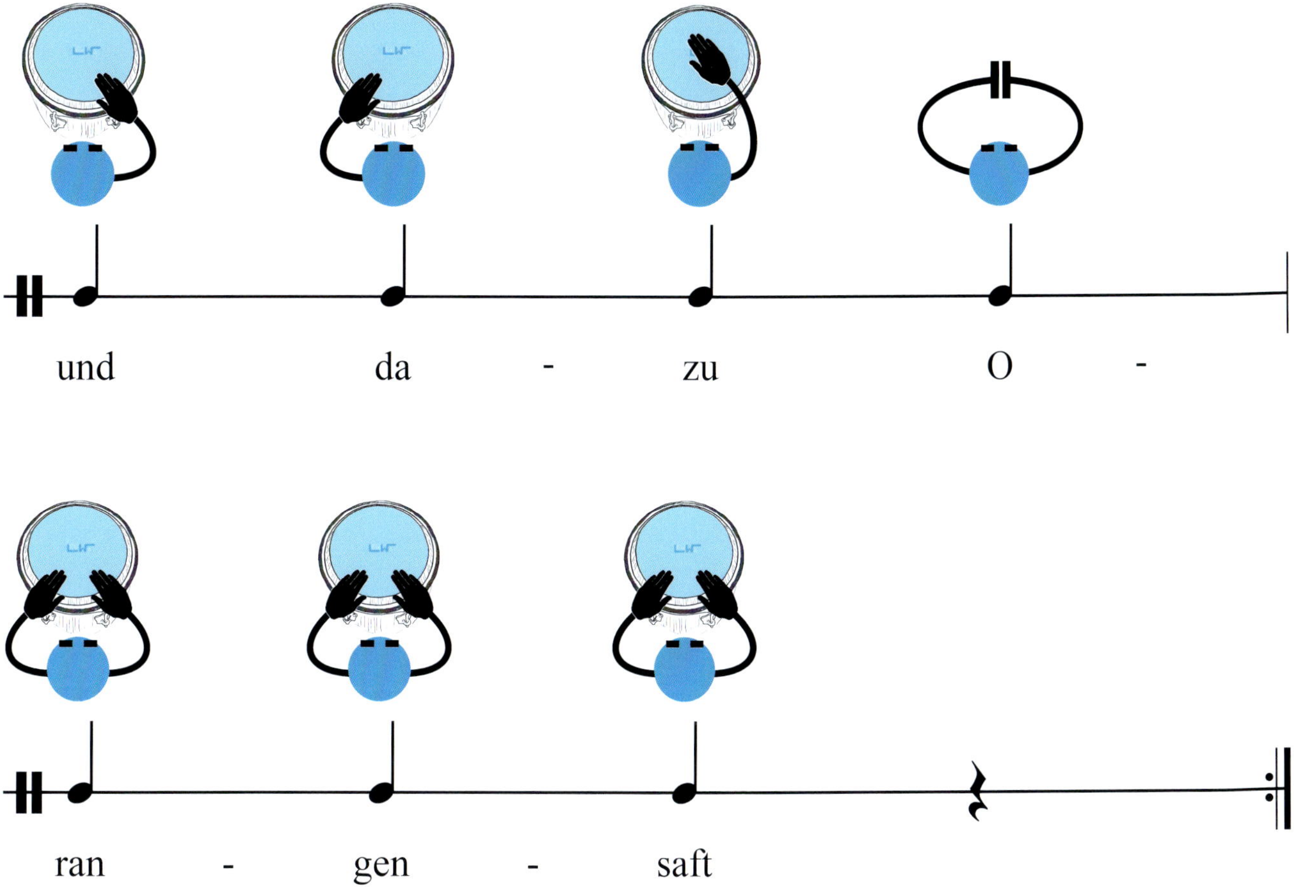
und da - zu O -
ran - gen - saft

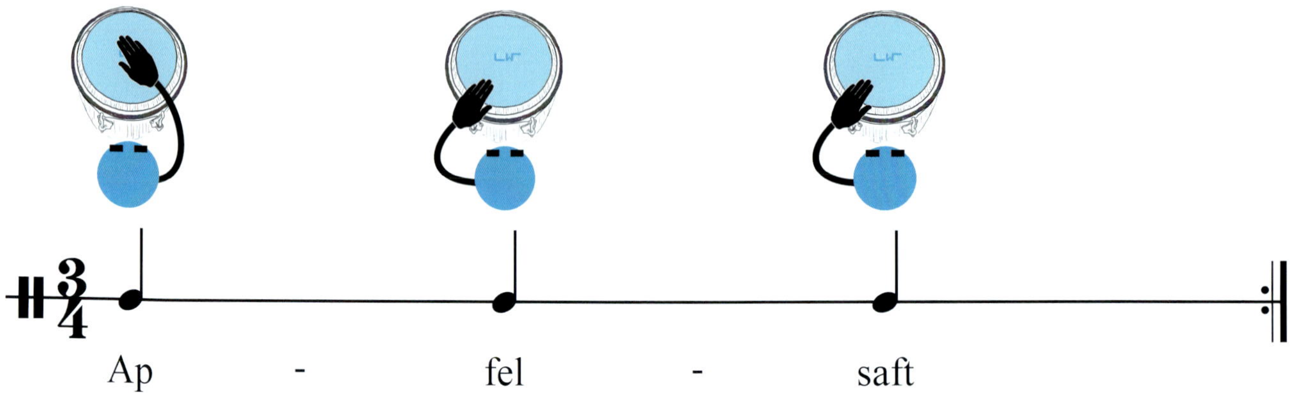
Ap - fel - saft

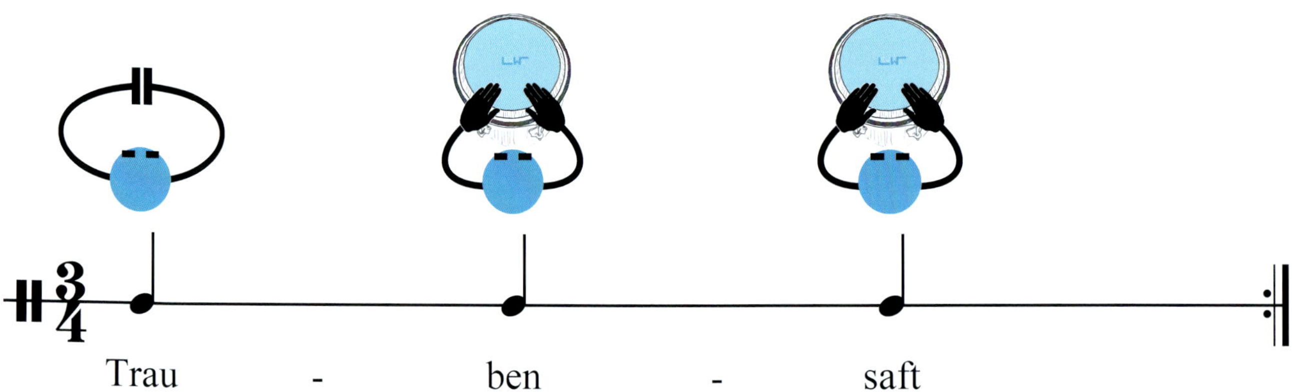
Trau - ben - saft

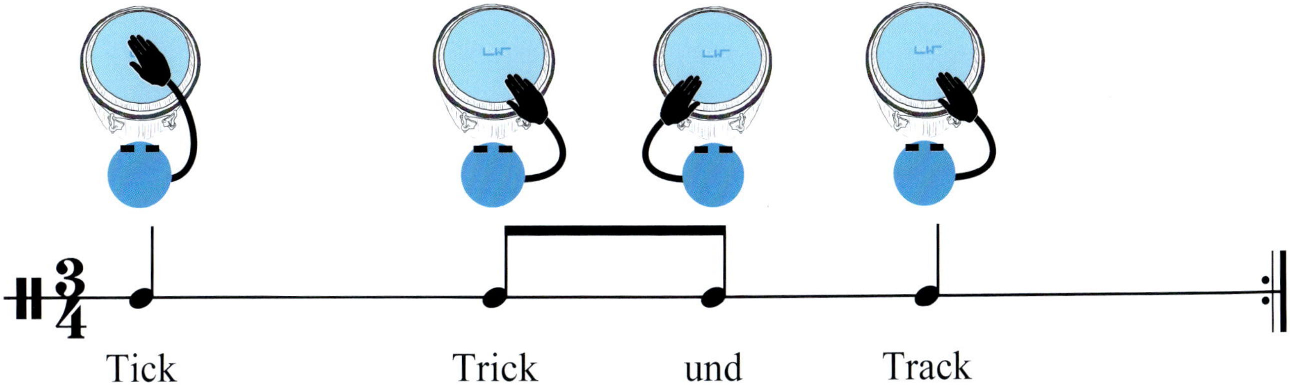
Tick
Trick
und
Track

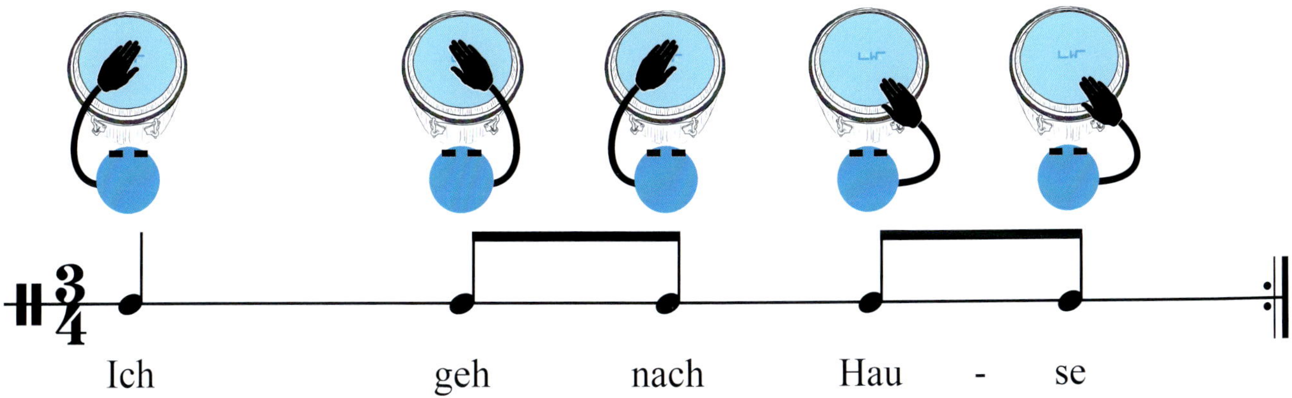
Ich
geh
nach
Hau - se

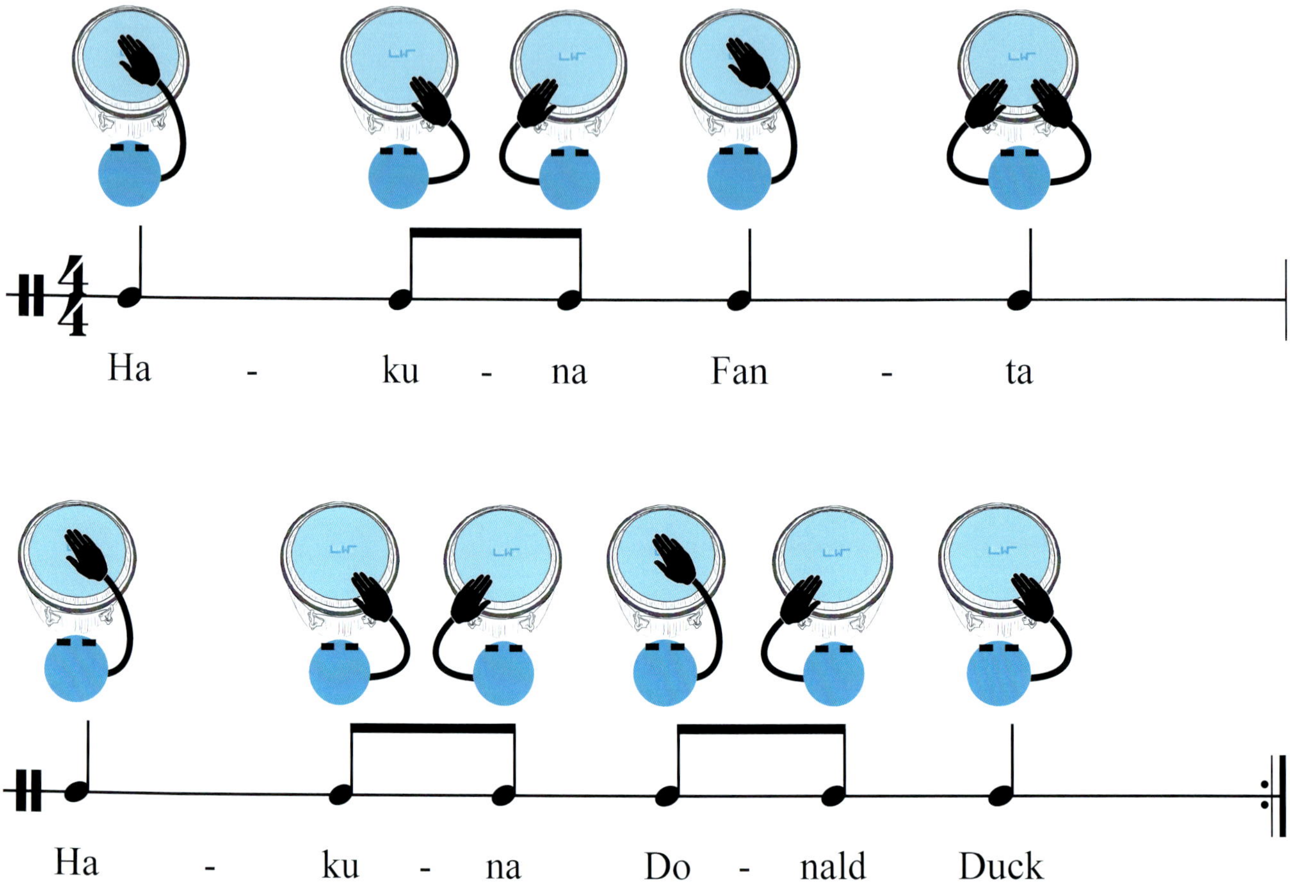
Ha - ku - na Fan - ta
Ha - ku - na Do - nald Duck

zwei Möglichkeiten

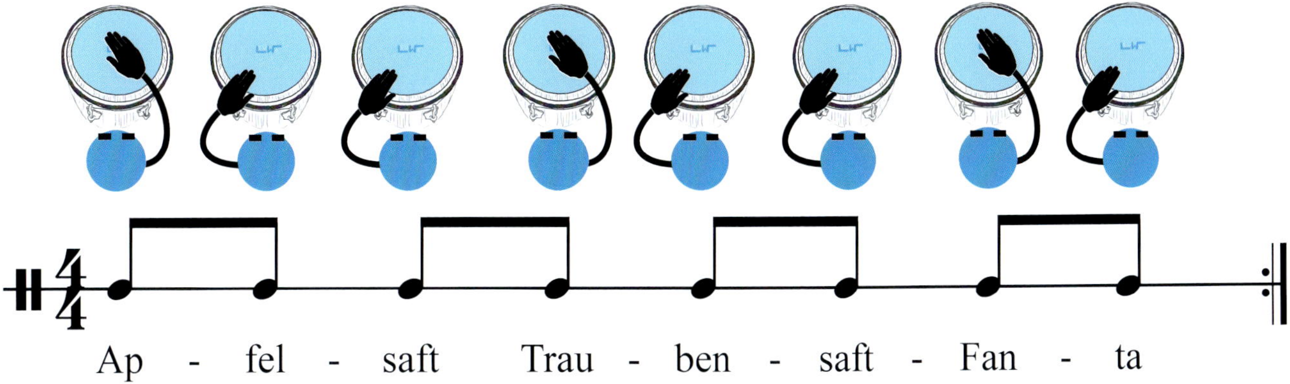

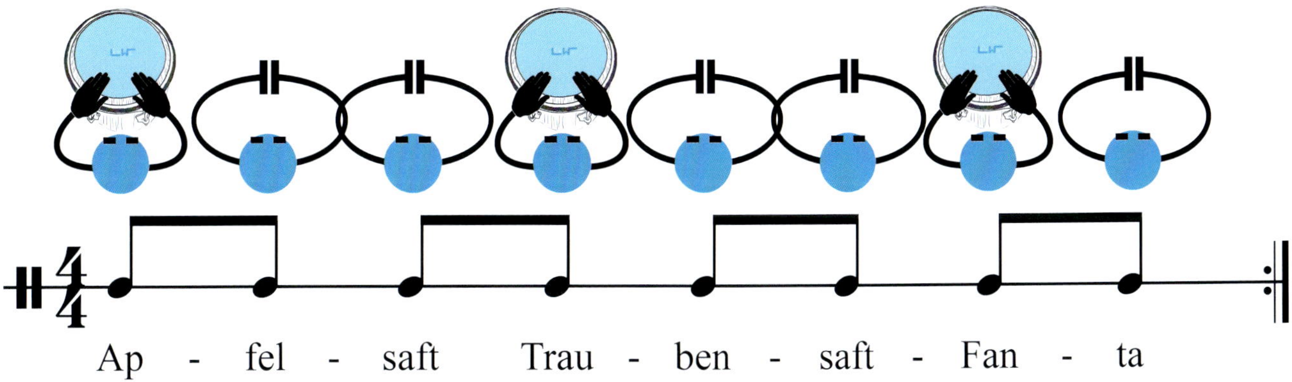

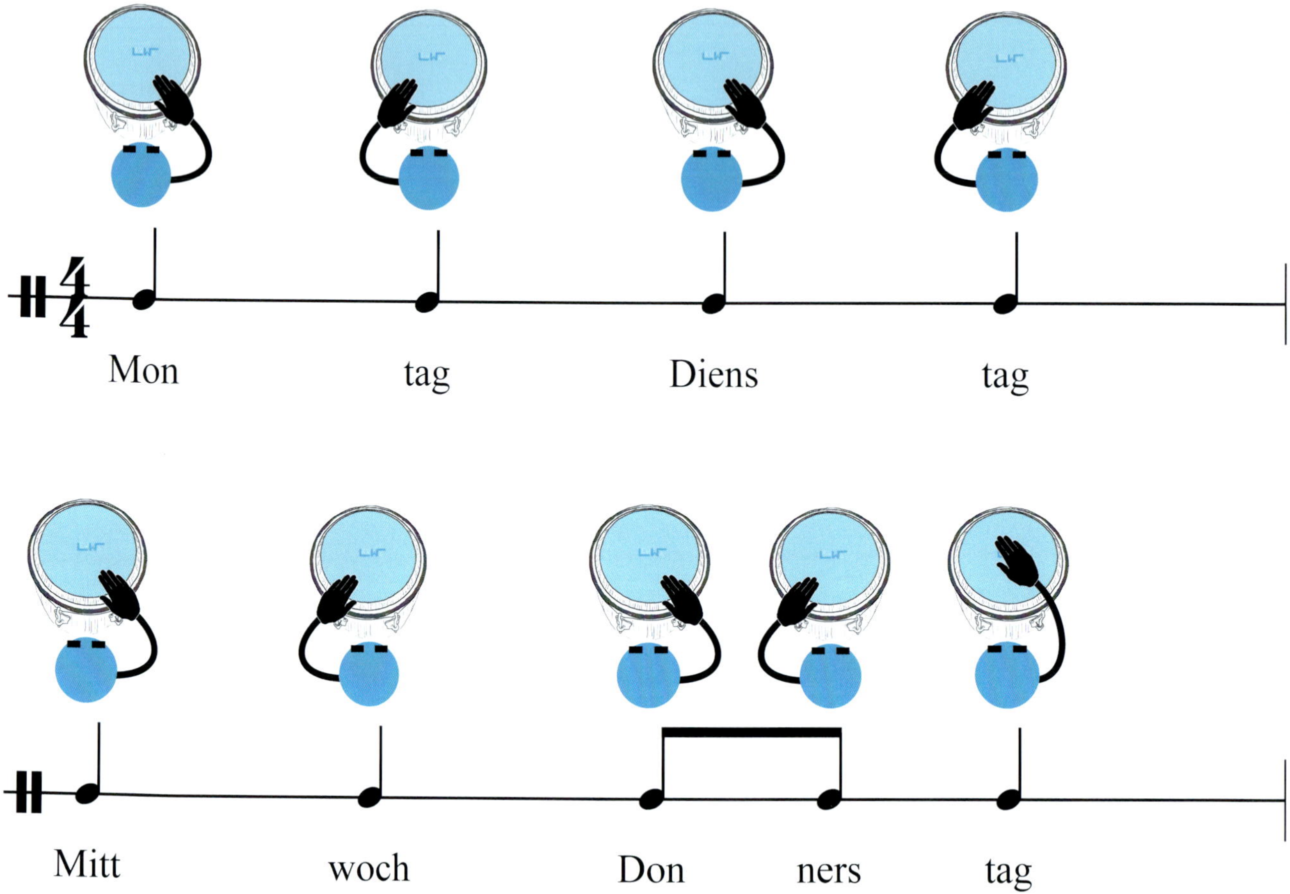
Mon
tag
Diens
tag
Mitt
woch
Don
ners
tag

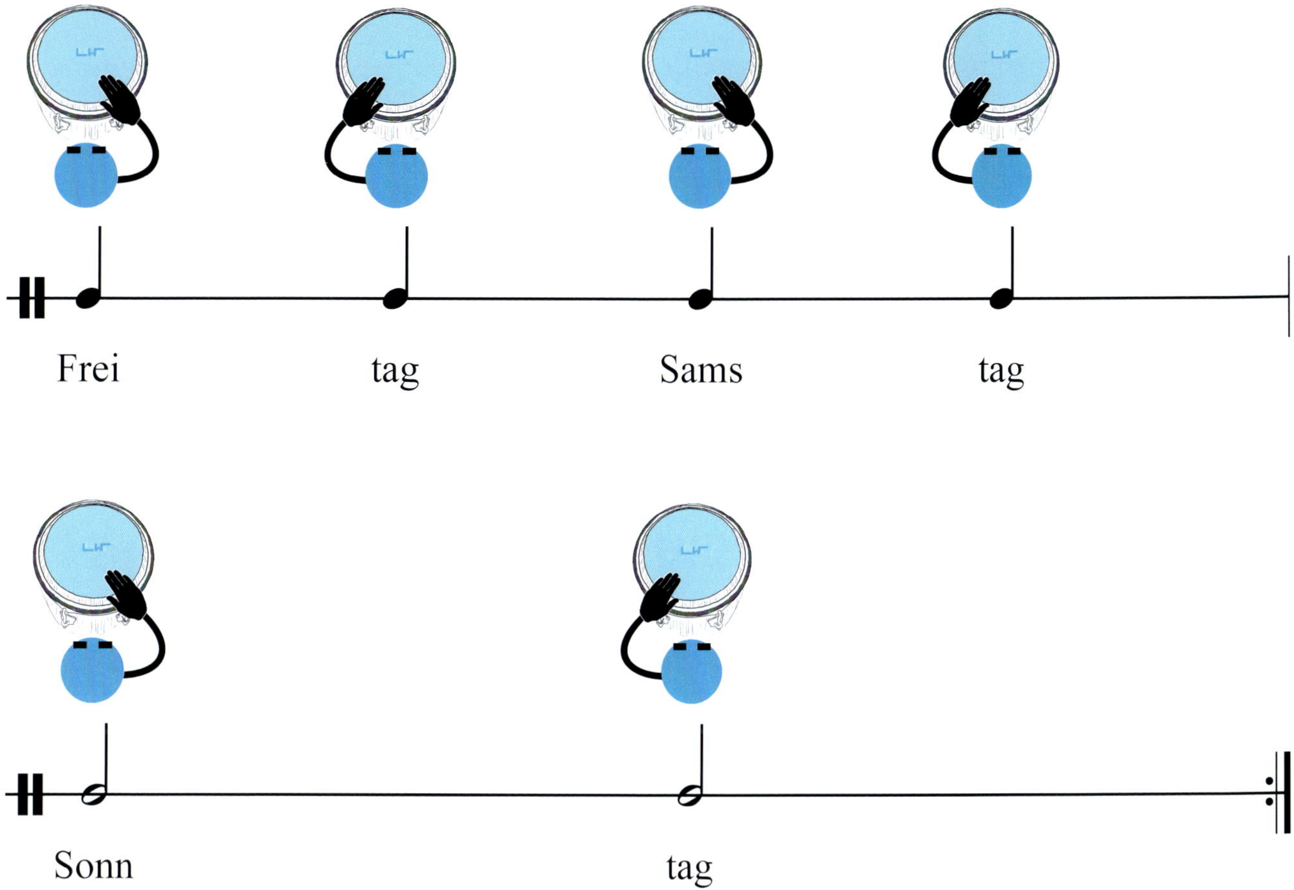
Frei
tag
Sams
tag
Sonn
tag

Floating (Heel)

Die Kombination von Bass und TIP in schnellem Wechsel heißt “Floating“. Bei dieser Technik wird der Schlag mit der Handfläche auch Heel (H) bezeichnet. Er wird wie ein Bass, nur weiter am Rand, gespielt.

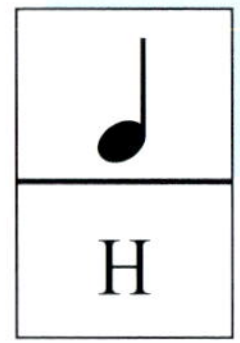

HEEL

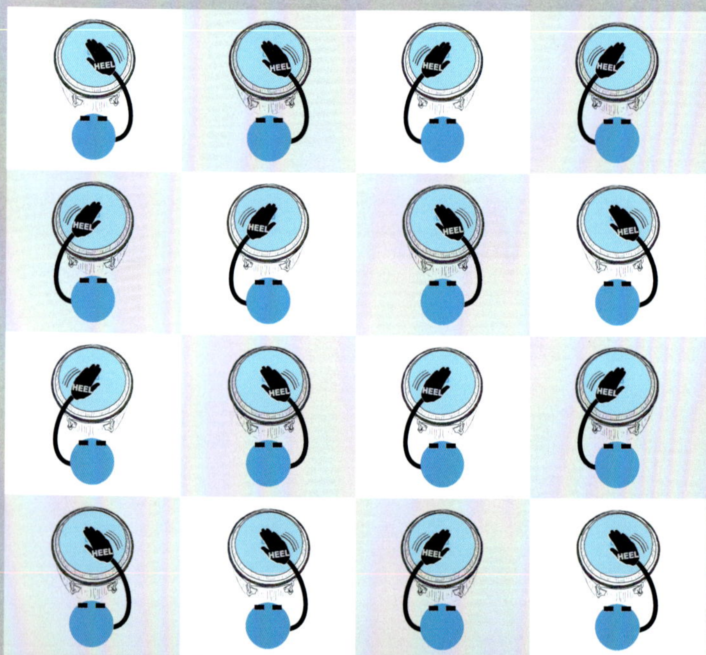

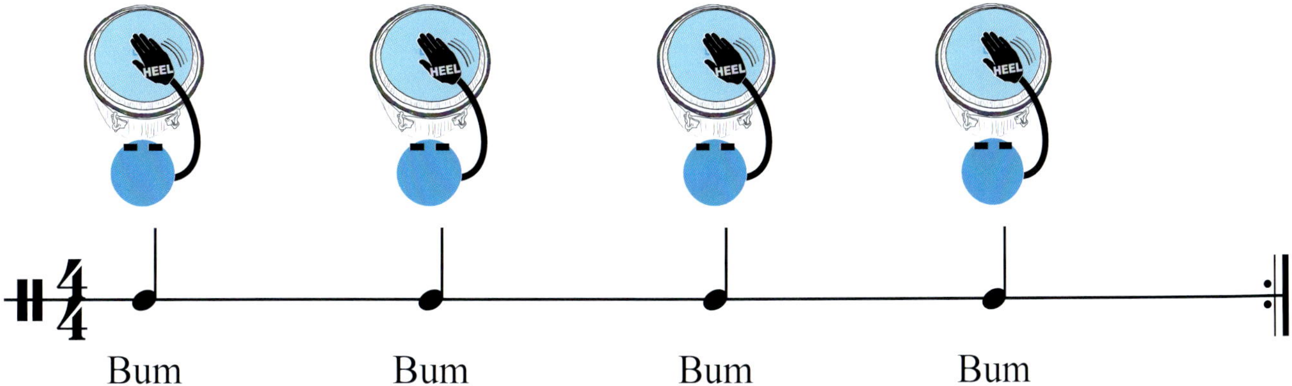
HEEL
HEEL
HEEL
HEEL
Bum Bum Bum Bum

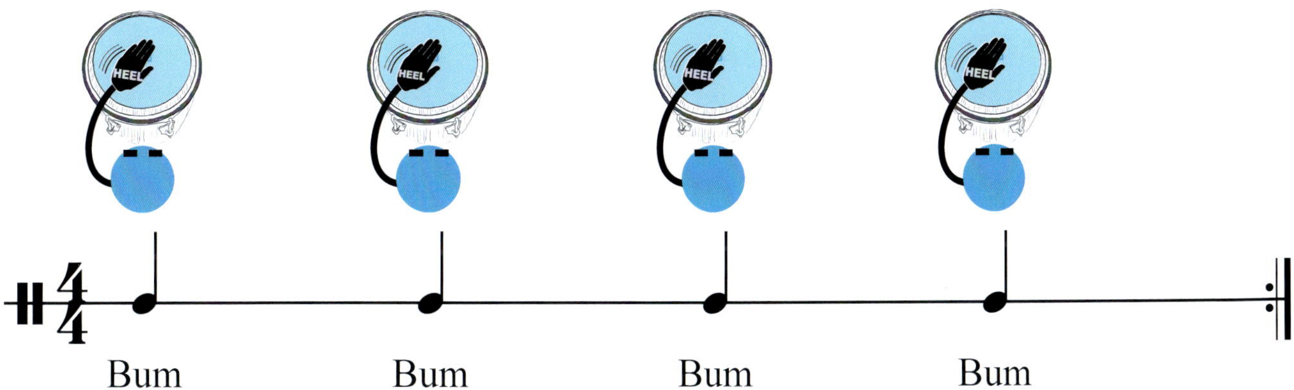
HEEL
HEEL
HEEL
HEEL
Bum Bum Bum Bum

TIP

Den “TIP” spielst du mit der flachen Hand in der Mitte des Fells. Hebe einfach die Finger an und “TIP”pe auf das Fell. Dein Handballen liegt dabei auf dem Fell auf.

♩	**Tip**
T	

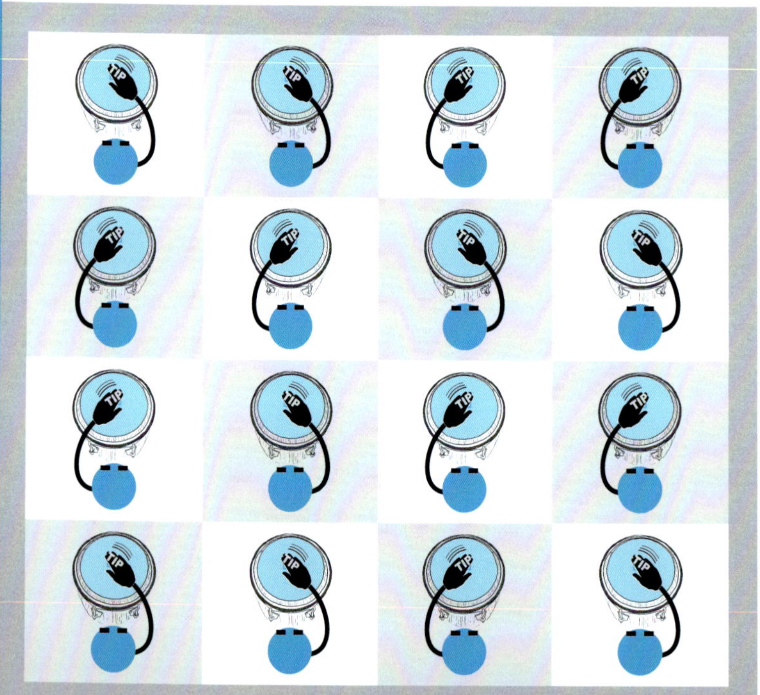

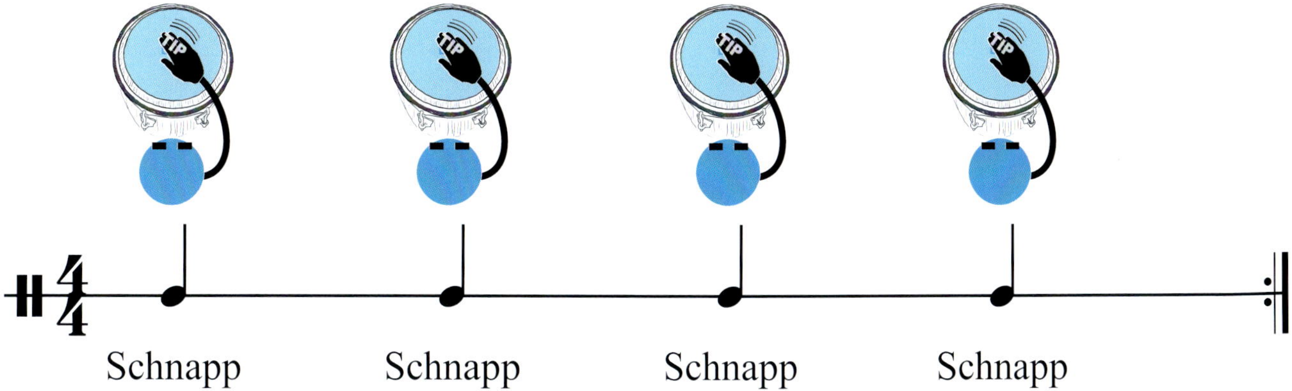
TIP
TIP
TIP
TIP
Schnapp
Schnapp
Schnapp
Schnapp

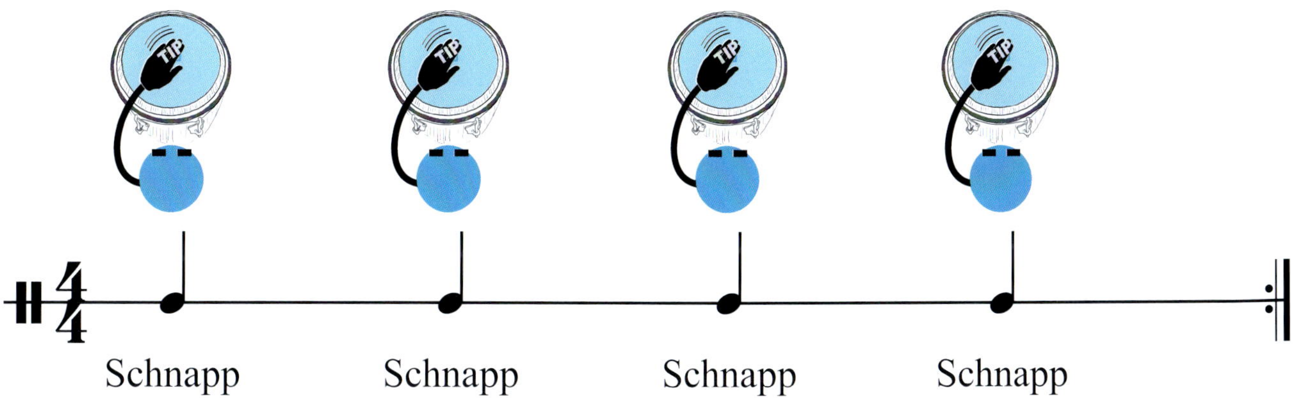
TIP
TIP
TIP
TIP
Schnapp
Schnapp
Schnapp
Schnapp

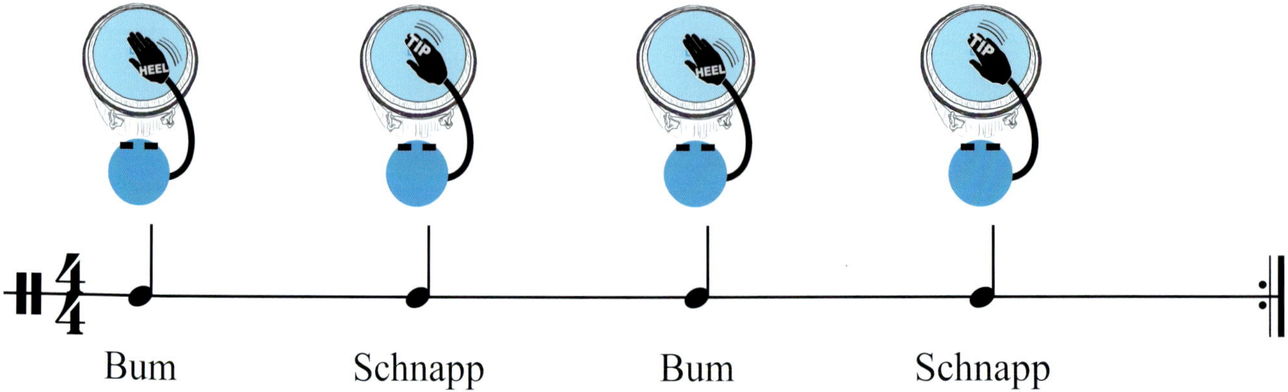
HEEL
TIP
HEEL
TIP
Bum Schnapp Bum Schnapp

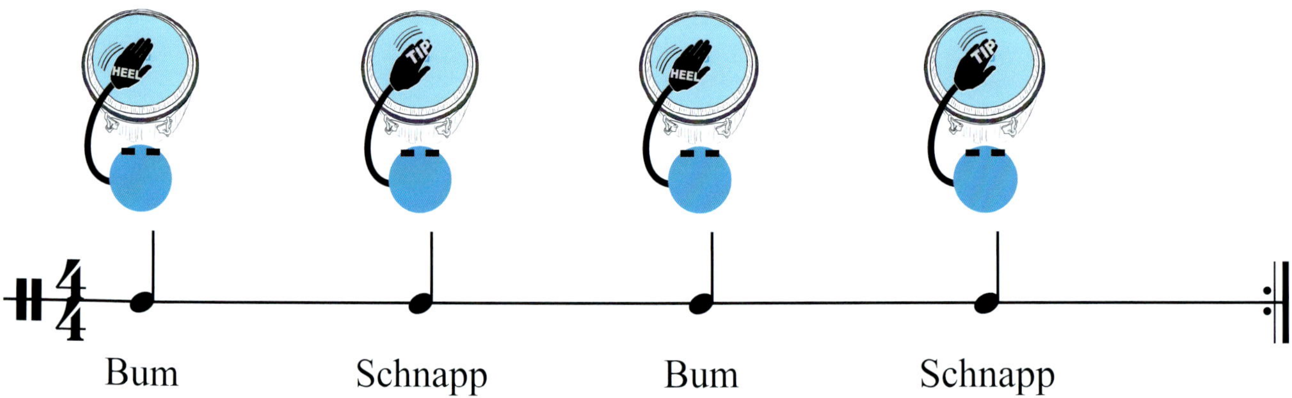
HEEL
TIP
HEEL
TIP
Bum Schnapp Bum Schnapp

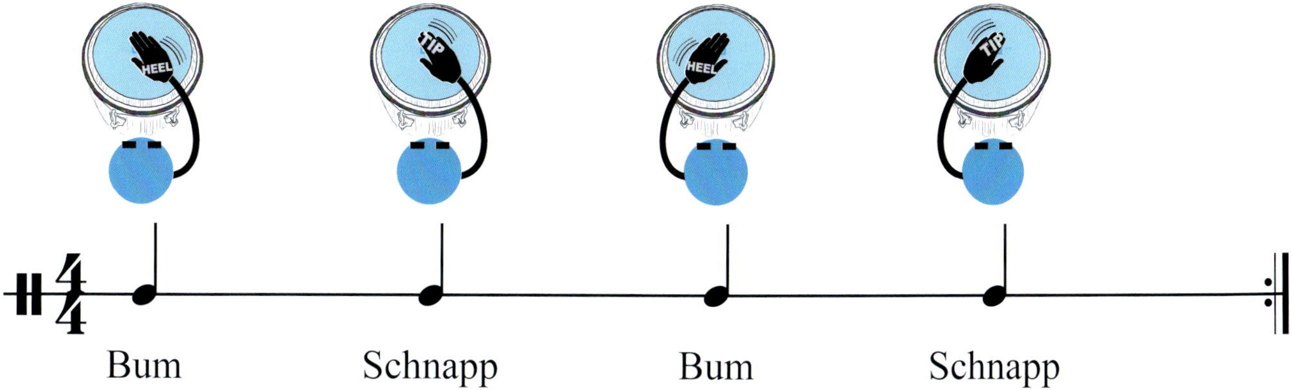
HEEL
TIP
HEEL
TIP
Bum
Schnapp
Bum
Schnapp

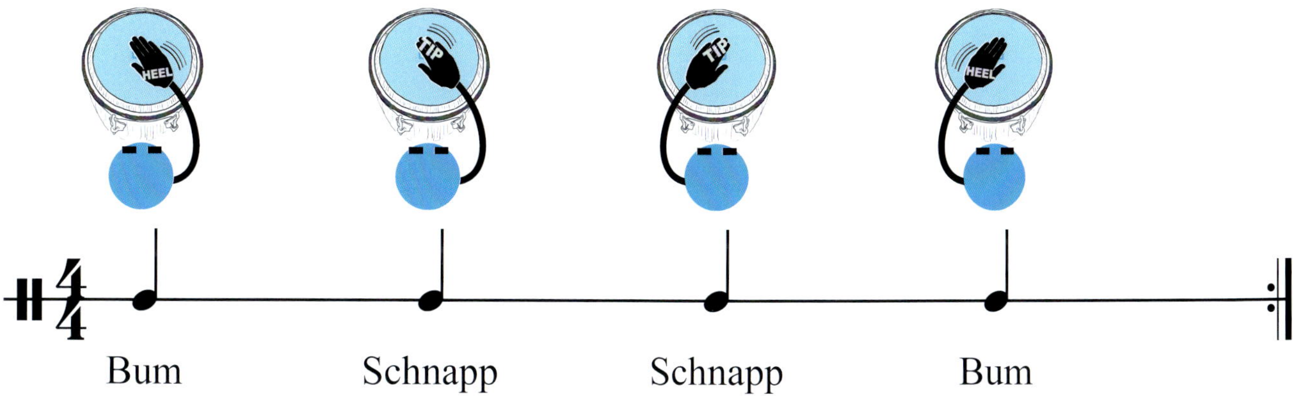
HEEL
TIP
TIP
HEEL
Bum
Schnapp
Schnapp
Bum

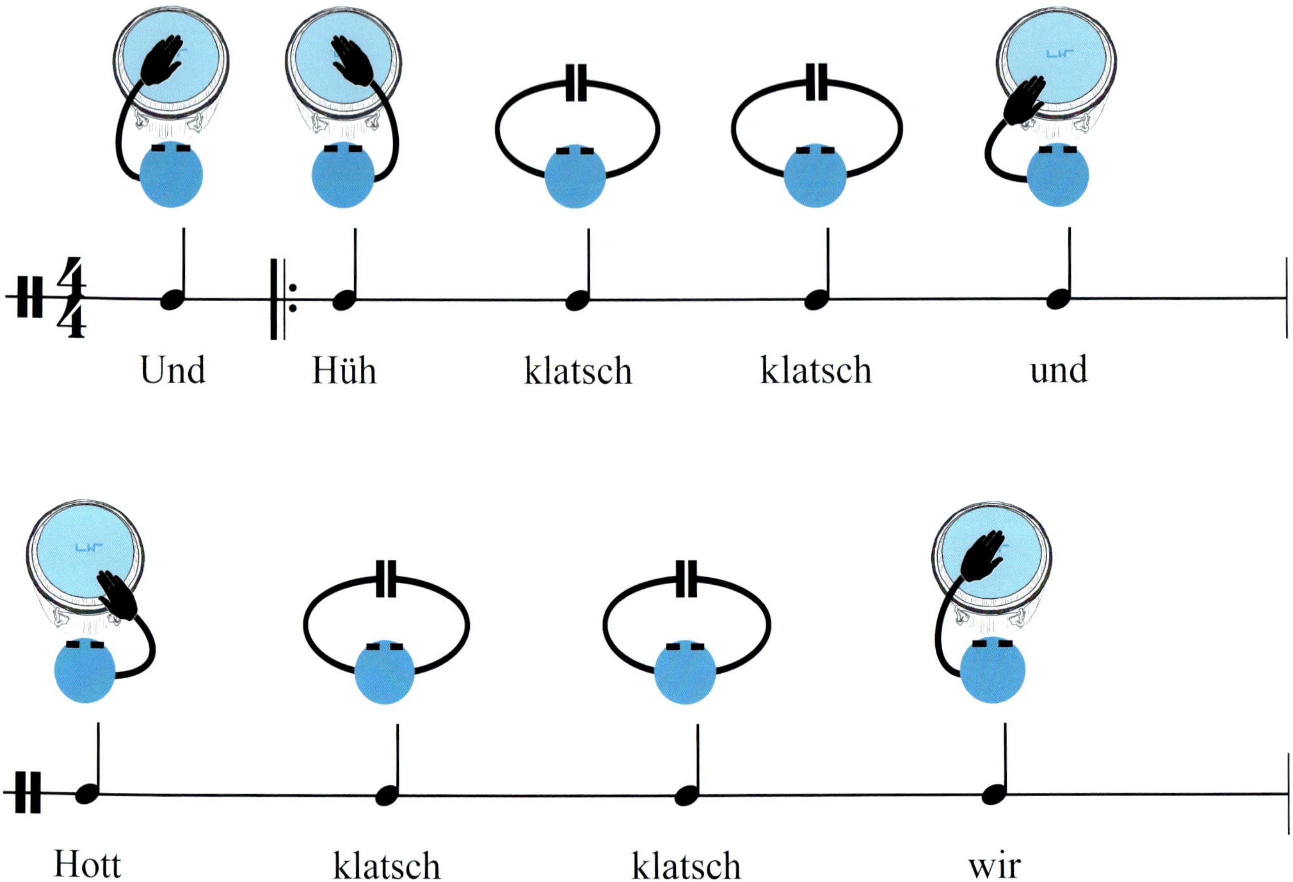
Und Hüh klatsch klatsch und
Hott klatsch klatsch wir

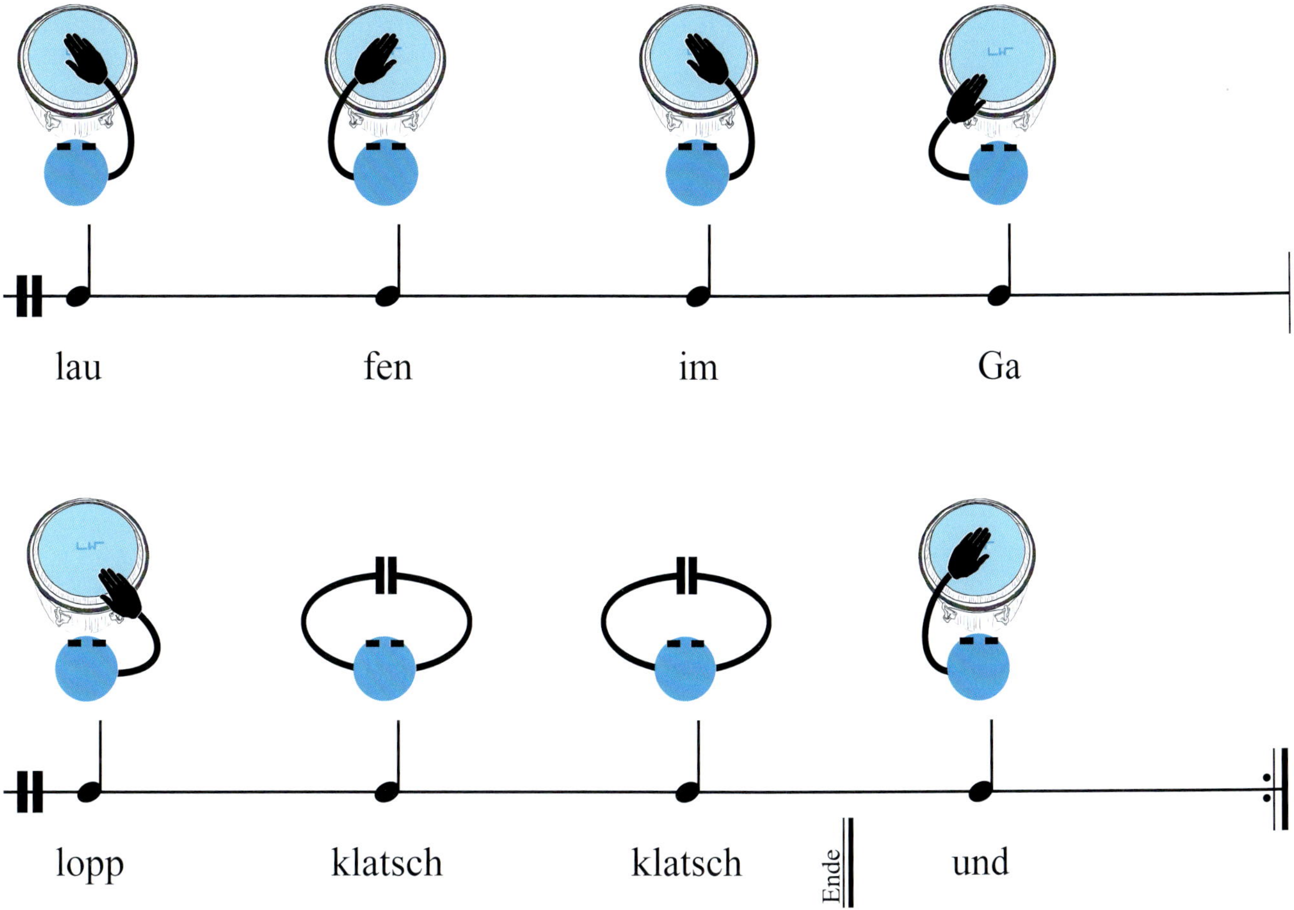
lau fen im Ga
lopp klatsch klatsch
Ende
und

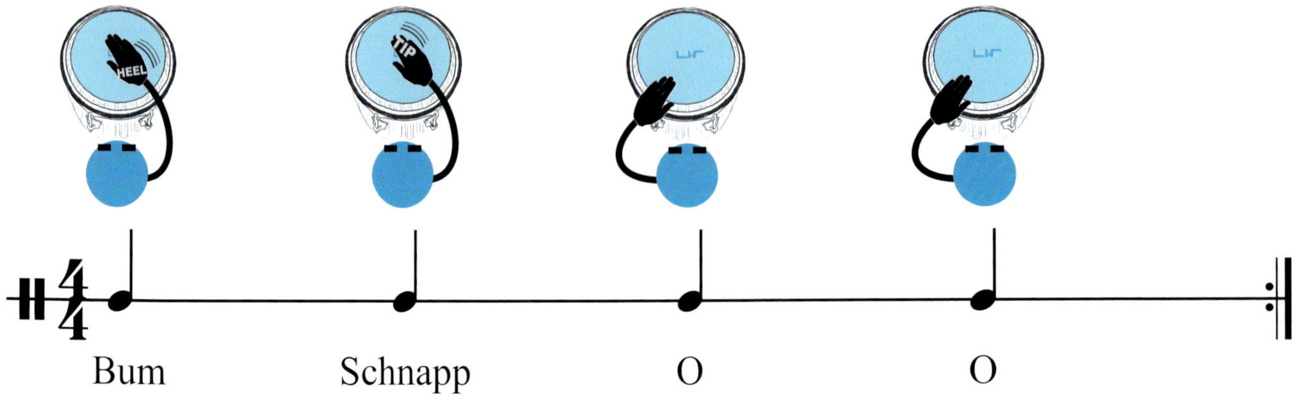
HEEL
TIP
Bum
Schnapp
O
O

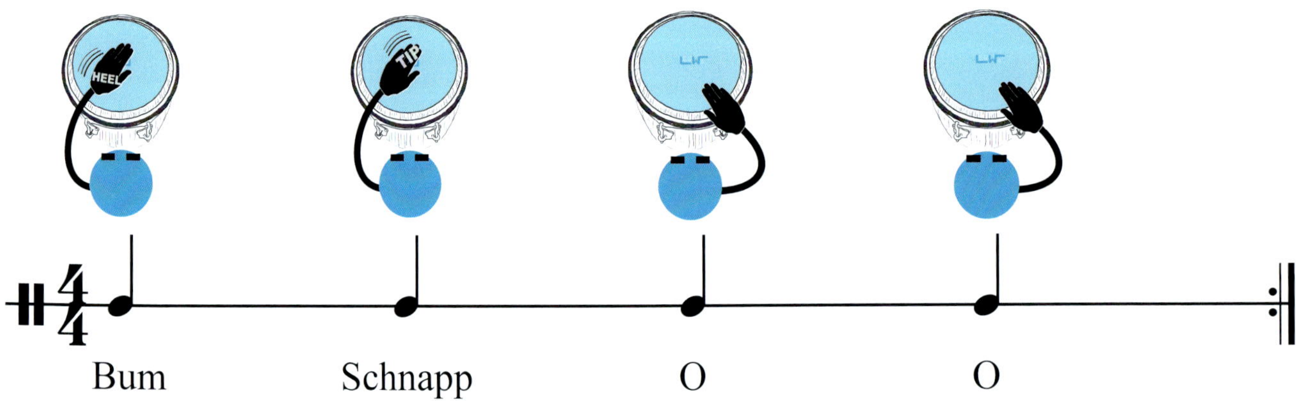
HEEL
TIP
Bum
Schnapp
O
O

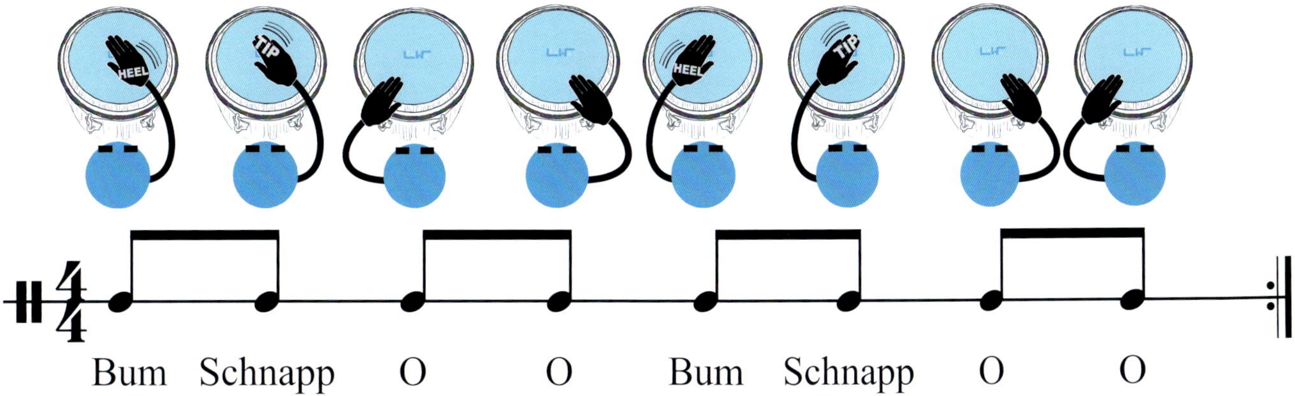
HEEL
TIP
HEEL
TIP
Bum Schnapp O O Bum Schnapp O O

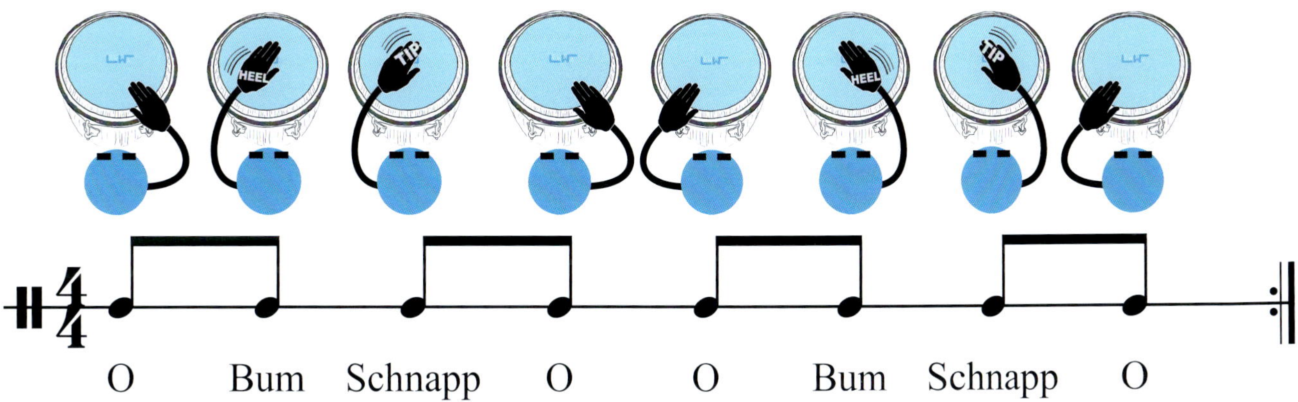
HEEL
TIP
HEEL
TIP
O Bum Schnapp O O Bum Schnapp O

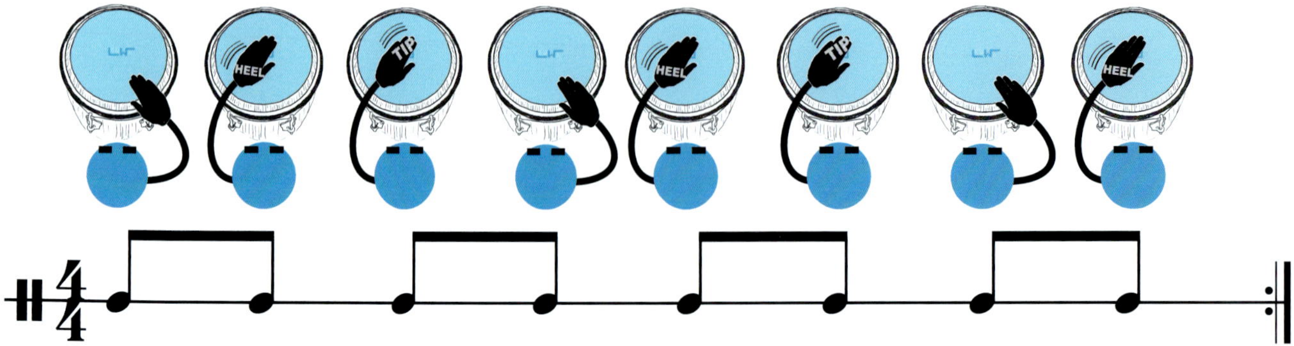
HEEL
TIP
O Bum Schnapp O Bum Schnapp O Bum

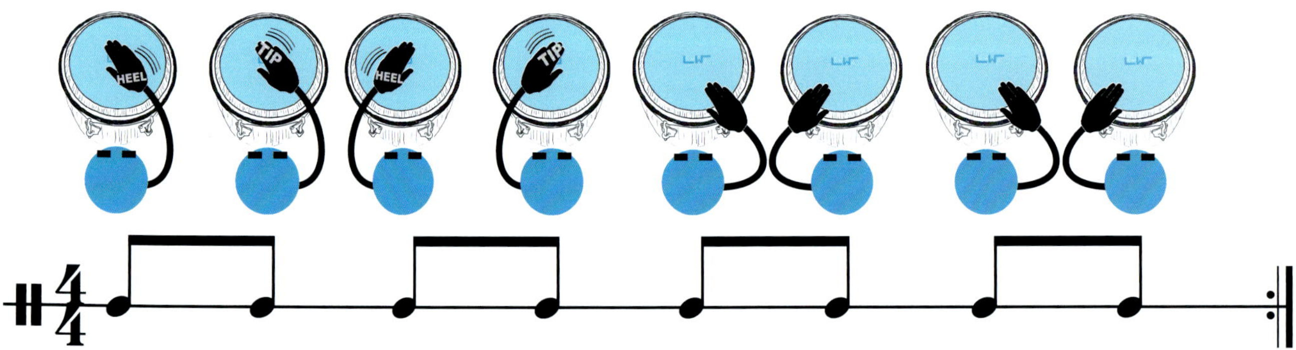
HEEL
TIP
Bum Schnapp Bum Schnapp O O O O

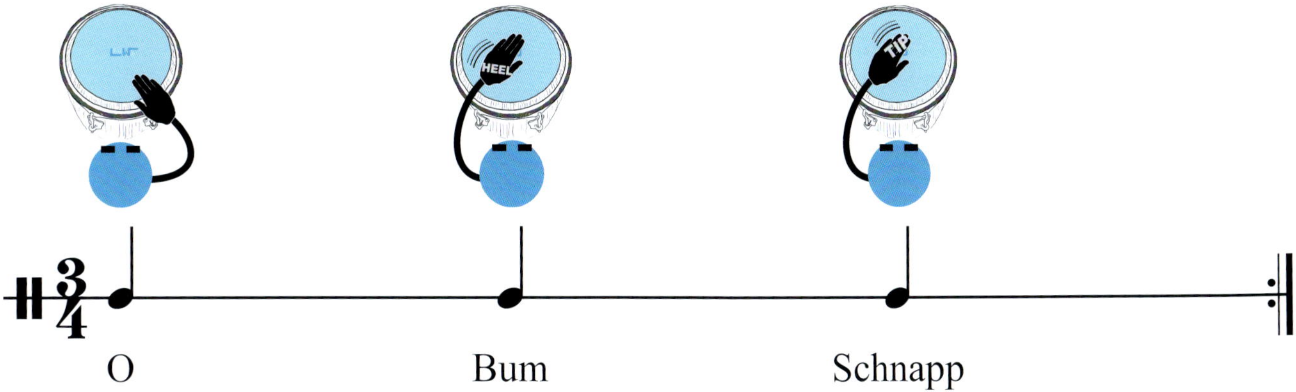
HEEL
TIP
O
Bum
Schnapp

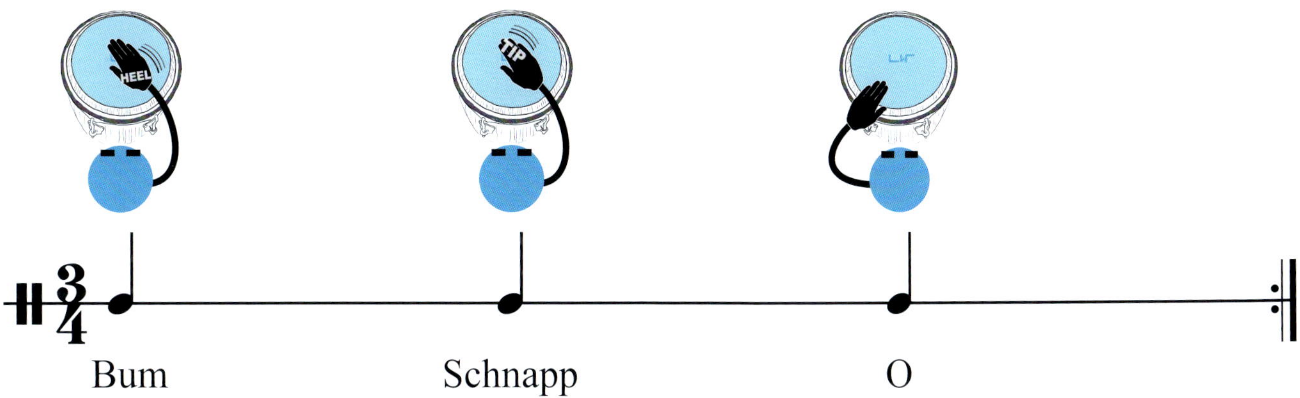
HEEL
TIP
Bum
Schnapp
O

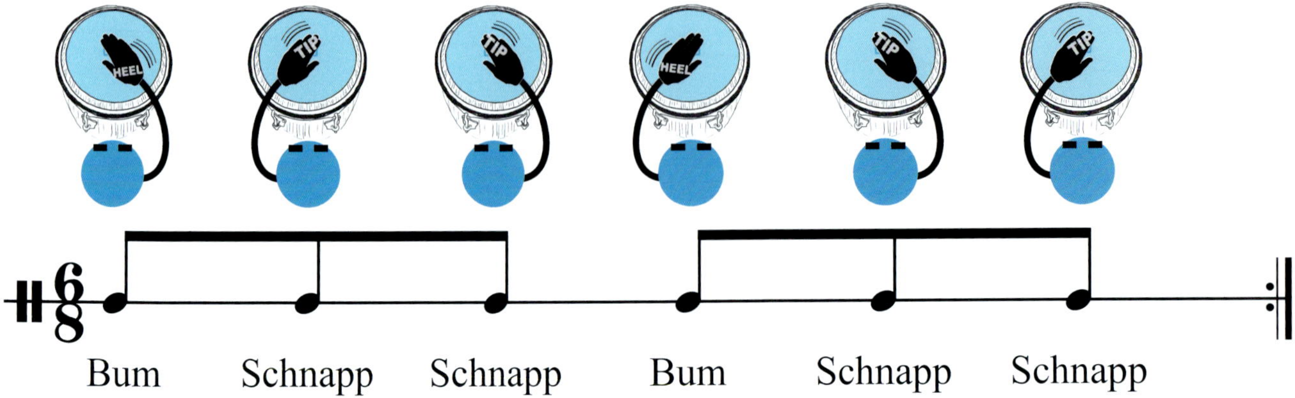
HEEL
TIP
TIP
HEEL
TIP
TIP
Bum
Schnapp
Schnapp
Bum
Schnapp
Schnapp

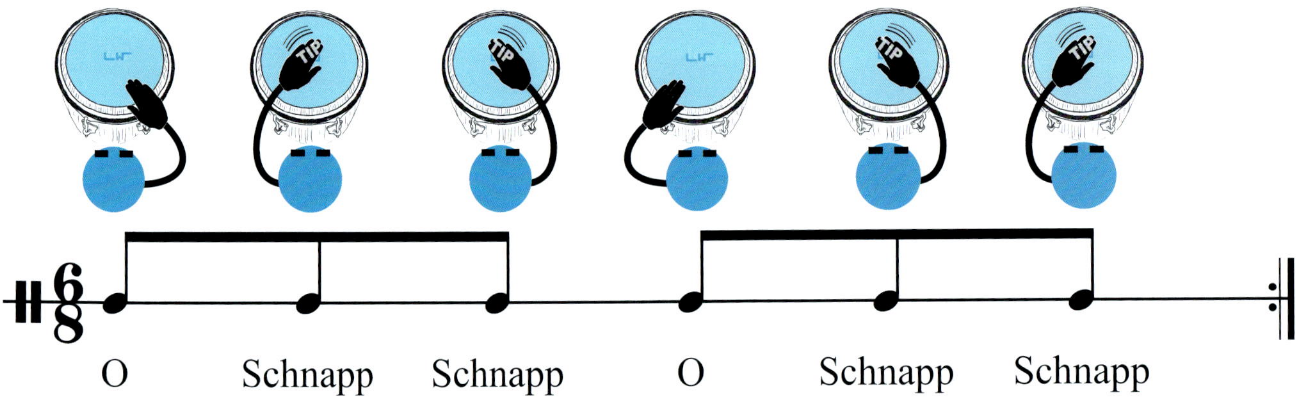
TIP
TIP
TIP
TIP
O
Schnapp
Schnapp
O
Schnapp
Schnapp

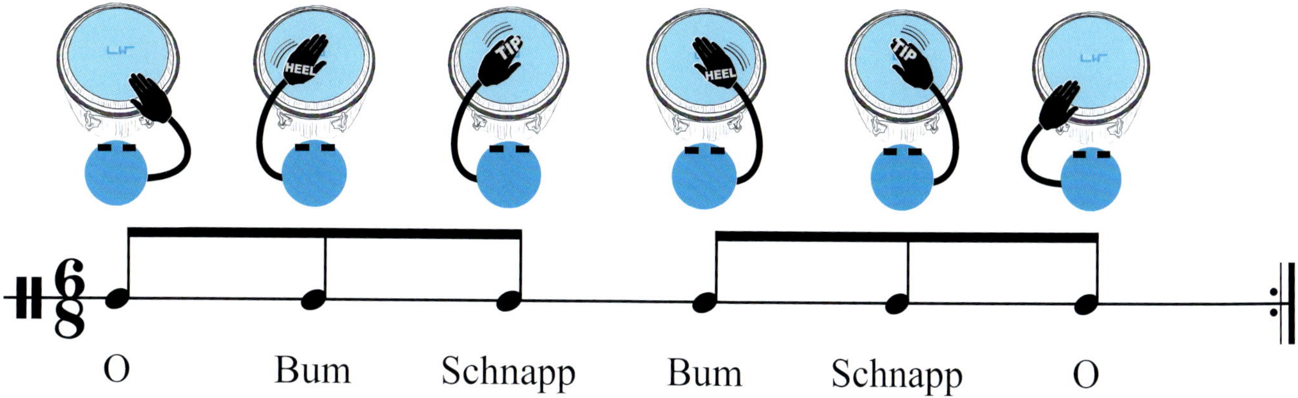
HEEL
TIP
HEEL
TIP
O
Bum
Schnapp
Bum
Schnapp
O

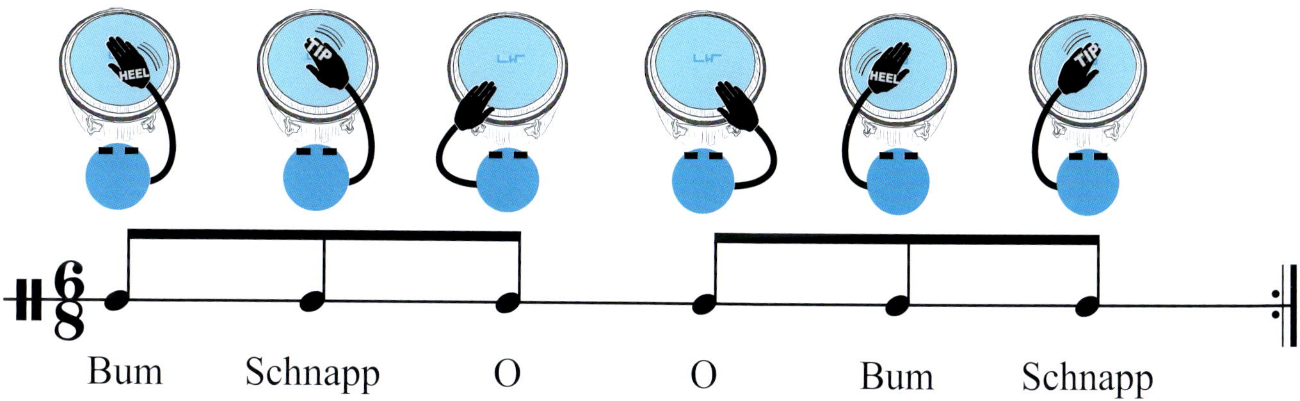
HEEL
TIP
HEEL
TIP
Bum
Schnapp
O
O
Bum
Schnapp

Dazu musst du wissen, wie du dich richtig an die Conga setzt. Die hohe Trommel (Quinto) nimmst du zwischen deine Beine und die tiefere Trommel (Conga) stellst du rechts neben dich. Setze dich gerade an die Trommel und halte deine Arme so, dass Trommelfell, Hand und Arm eine Linie bilden.

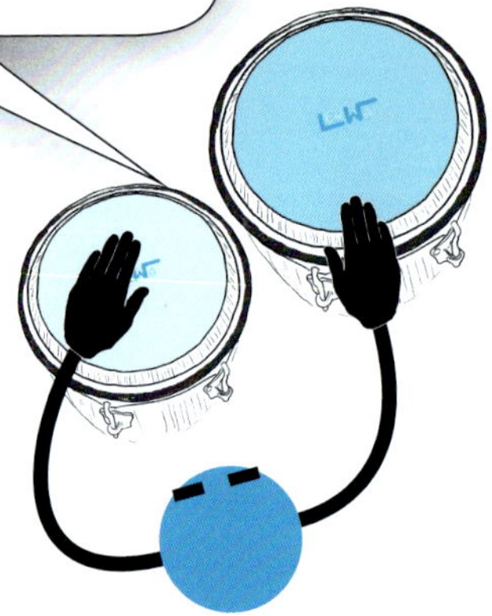

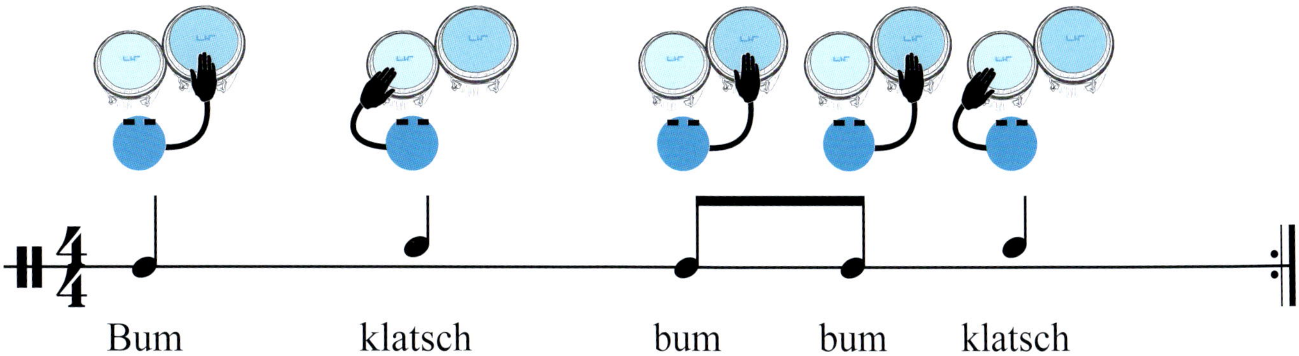
Bum
klatsch
bum
bum
klatsch

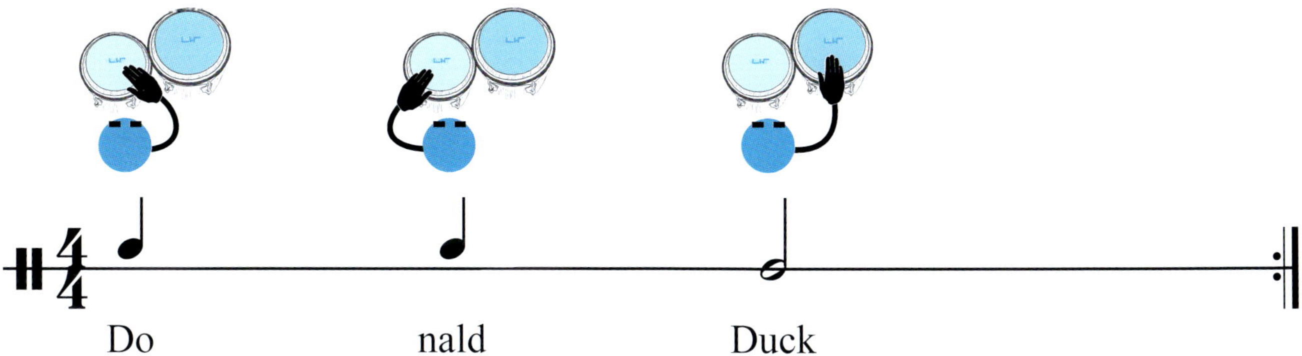
Do
nald
Duck

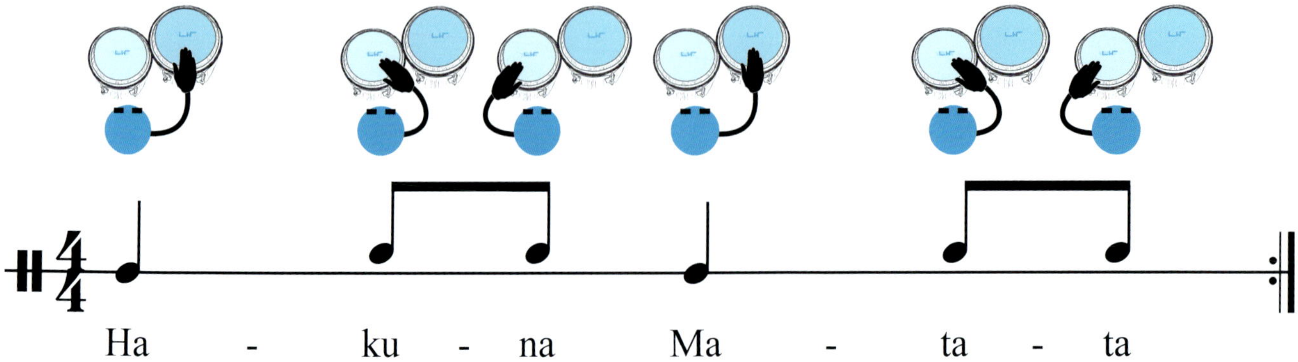
Ha - ku - na Ma - ta - ta

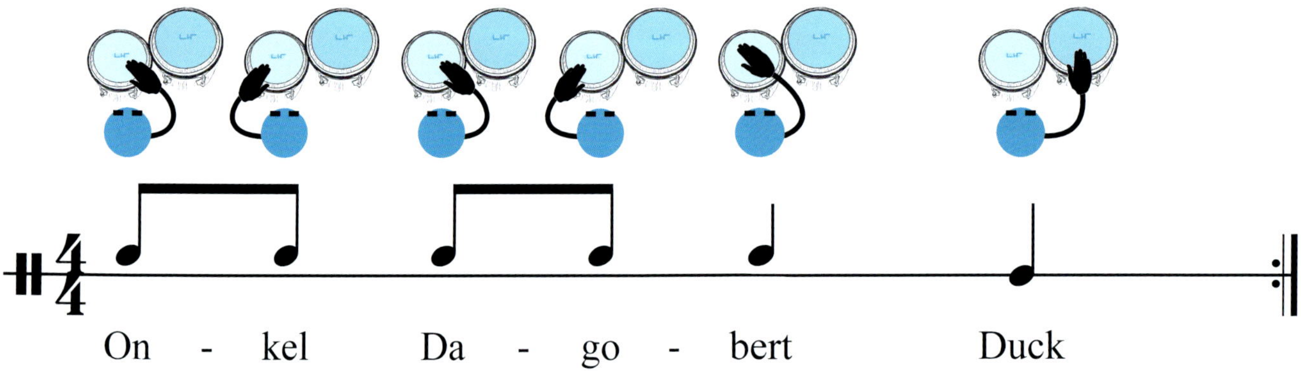
On - kel Da - go - bert Duck

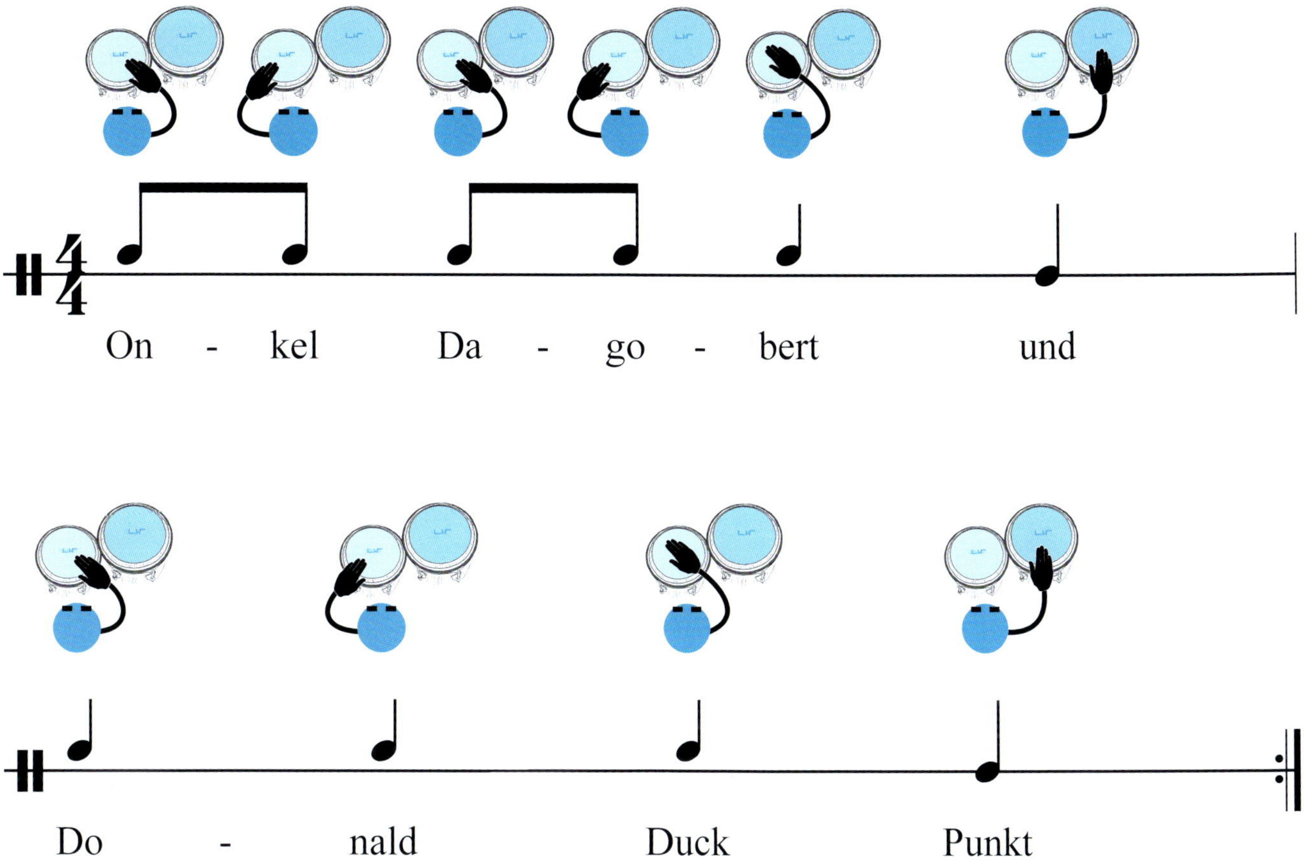
On - kel Da - go - bert und
Do - nald Duck Punkt

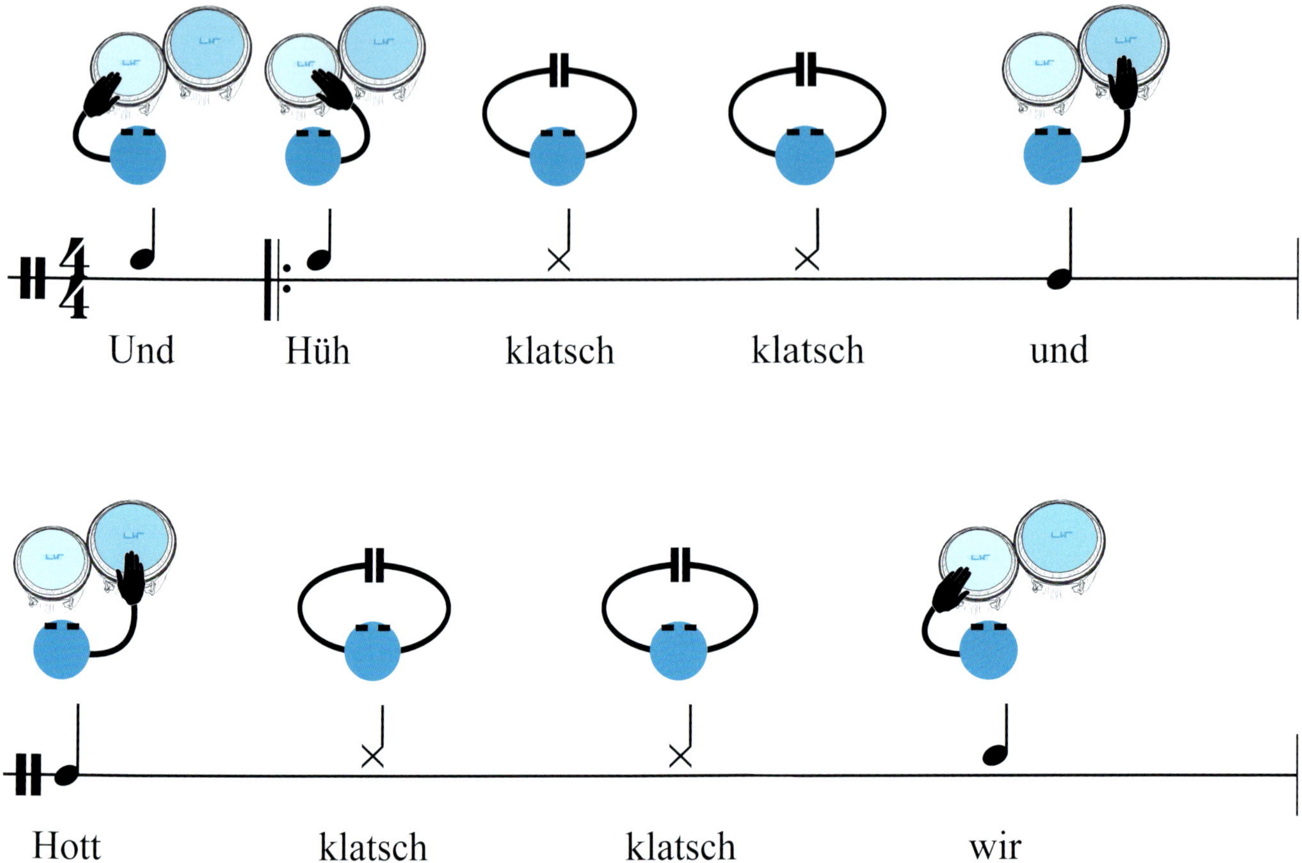

Und
Hüh
klatsch
klatsch
und
Hott
klatsch
klatsch
wir

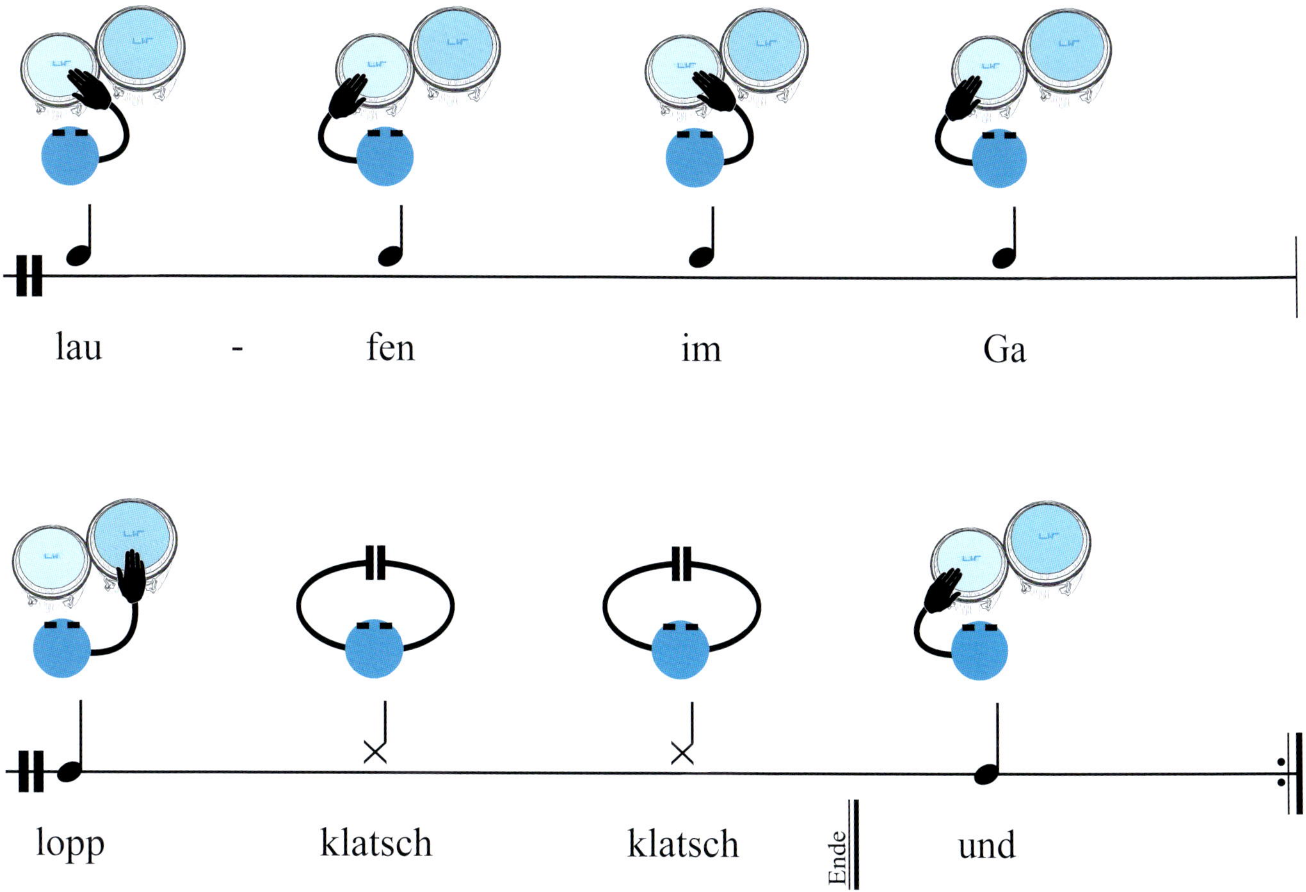
lau - fen im Ga
lopp klatsch klatsch
Ende
und

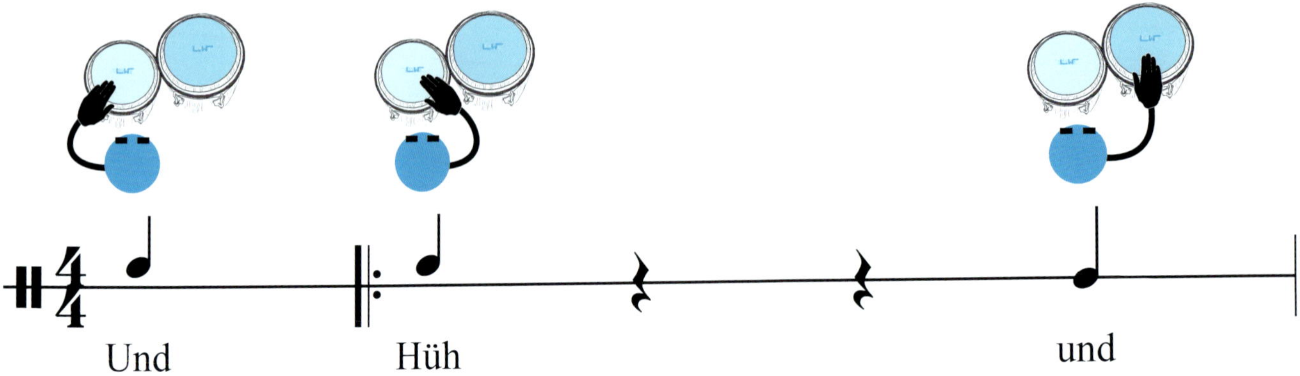
Und
Hüh
und

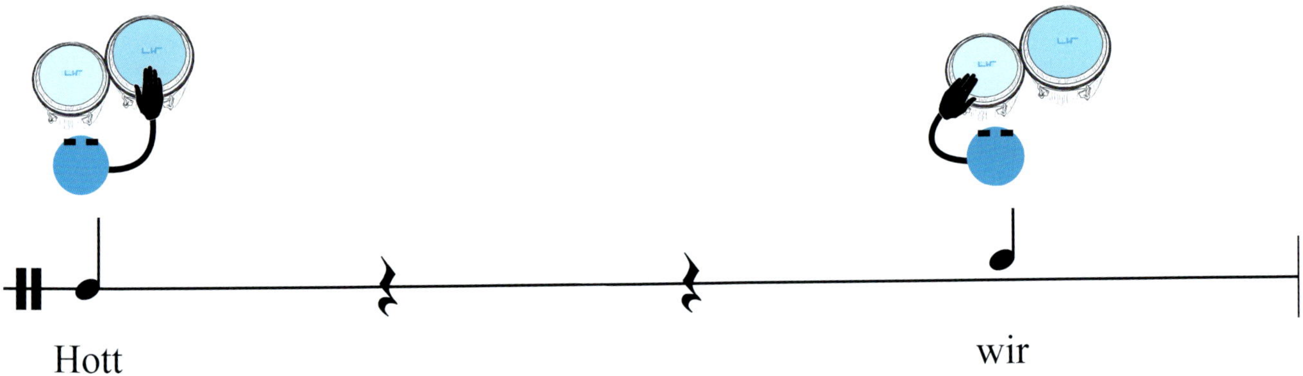
Hott
wir

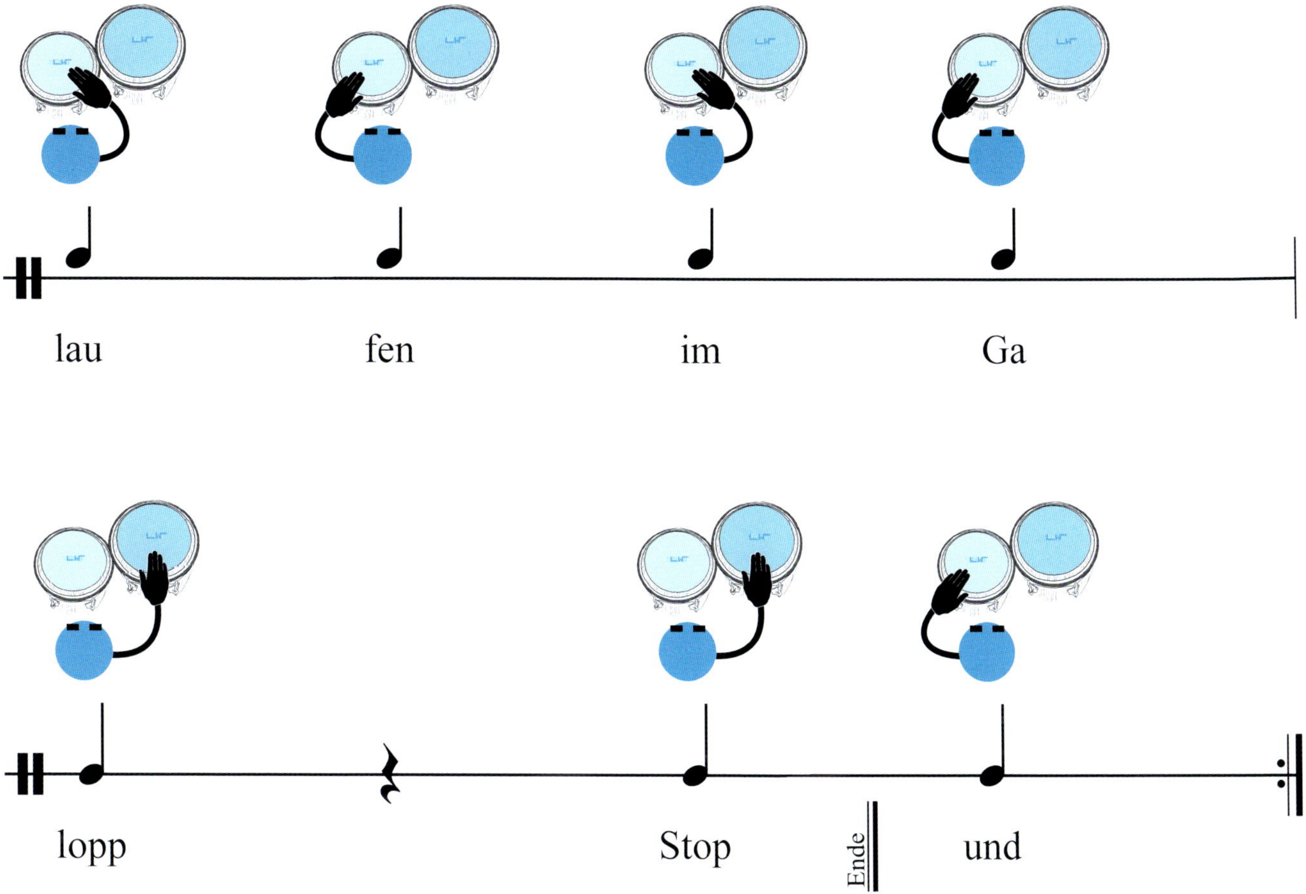
lau
fen
im
Ga
lopp
Stop
Ende
und

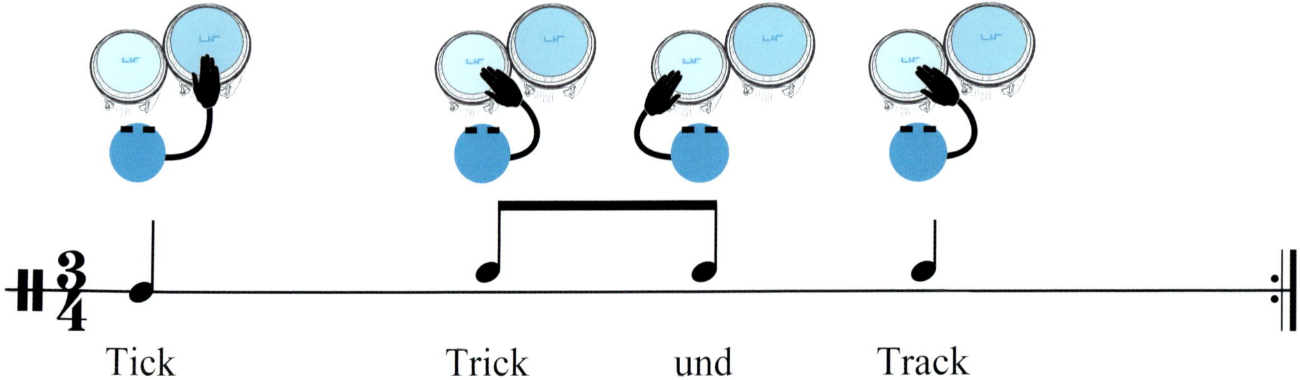
Tick Trick und Track

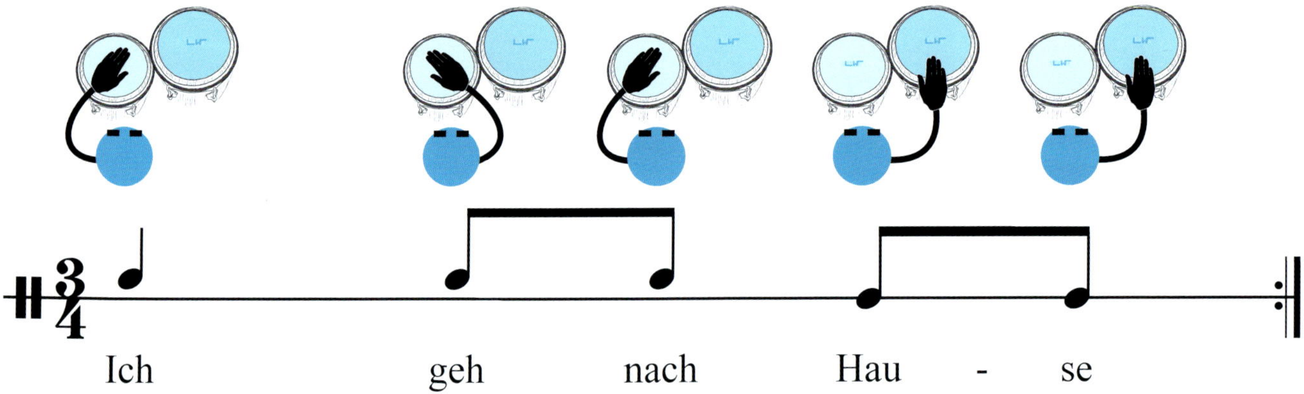
Ich geh nach Hau - se

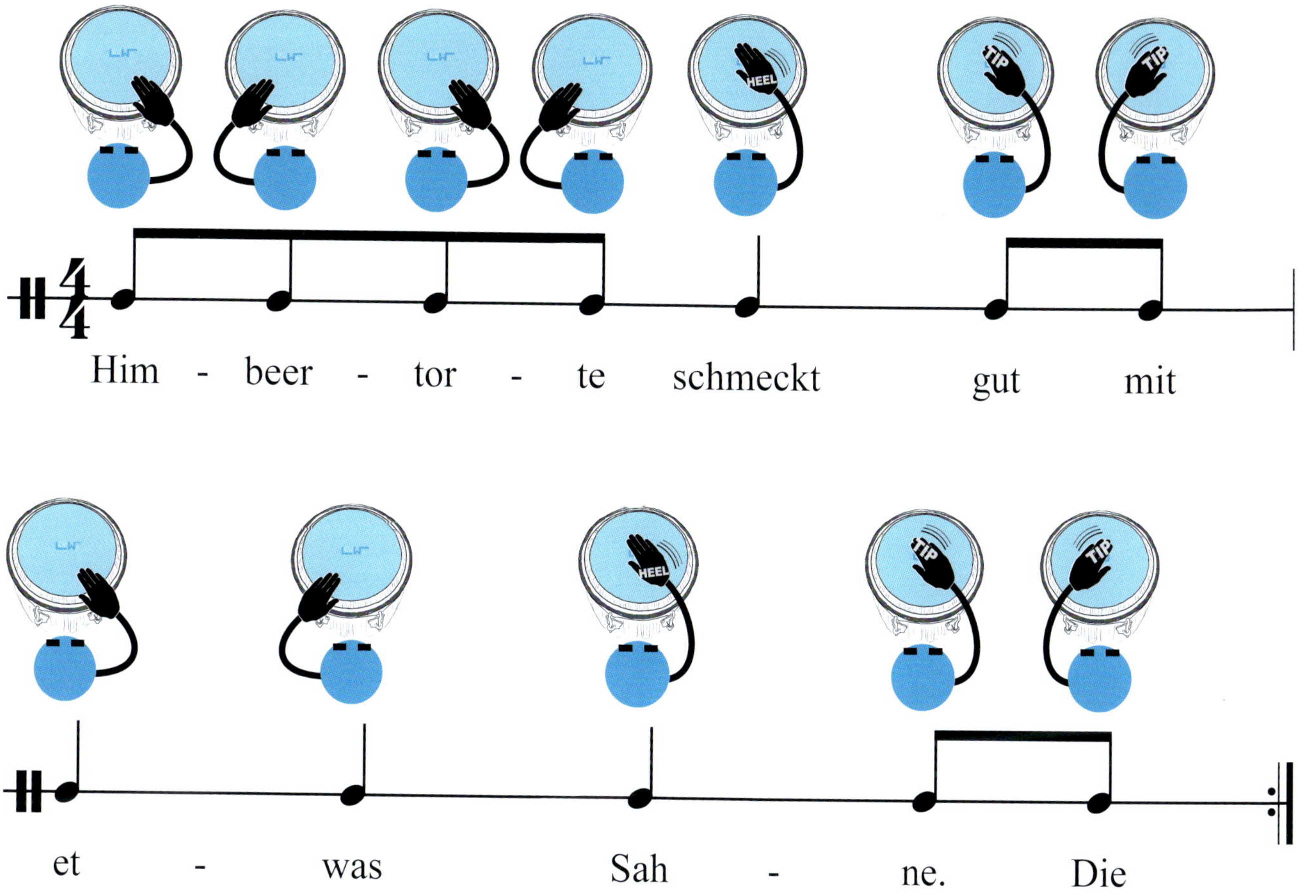
HEEL
TIP
TIP
Him - beer - tor - te schmeckt gut mit
HEEL
TIP
TIP
et - was Sah - ne. Die

Inhalt